Rudolf Hubert

Wo alle anderen Sterne verlöschen

Glaube als Zukunftsmodell

RUDOLF HUBERT

Wo alle anderen Sterne verlöschen
Glaube als Zukunftsmodell

echter

Bibliografische Information der Deutschen Nationalbibliothek

Die Deutsche Nationalbibliothek verzeichnet diese Publikation in der Deutschen Nationalbibliografie; detaillierte bibliografische Daten sind im Internet über ‹http://dnb.d-nb.de› abrufbar.

1. Auflage 2018
© 2018 Echter Verlag GmbH, Würzburg
www.echter.de

Gestaltung: Crossmediabureau – http://xmediabureau.de
Umschlagbild: gettyone
Druck und Bindung: CPI-books – Clausen & Bosse, Leck

ISBN
978-3-429-05314-7

Inhalt

Vorwort 7

I. Annäherung – zwei gegensätzliche Erfahrungen und Beobachtungen 13

II. Glaubensvermittlung in heutiger Zeit 21
1. Hinführung 21
2. Verschiedene Optionen der Glaubensvermittlung 26
   2.1. Hans Urs von Balthasar – „Dialog und Dienst aus unanfechtbarer Identität" 26
   2.2. Karl Rahner – „Identität in Dialog und Dienst" 31
   2.3. Die Glaubensanfrage aus Reinhold Schneiders „Winter in Wien" 38
   2.4. Die Einheit von Orthodoxie und Orthopraxie 44

III. Vertiefung 51

IV. „Die Armut der Sprache zurückgewinnen ..." 57
1. Kirchlichkeit des Glaubens 57
2. Jesus, der Christus 69
3. Orientierung in einer unüberschaubaren Welt ... 73
4. Der atheistische Humanismus und die „anonym Verbündeten" im Glauben 78
5. Welche Fragen sind von Gott? 88
6. Die Frage nach dem Leid – Von der Not und dem Segen des Gebetes 96

V. Kurzformel des Glaubens 105

Anmerkungen 109

Personenregister 131

Vorwort

Warum dieses Buch? Wen will es erreichen? Um es vorwegzusagen: Es ist kein leicht lesbares Buch, das man „,mal so zwischendurch' einfach konsumieren kann". Das ist es nicht, und wer mit dieser Erwartung an dieses Buch herantritt, wird es nach den ersten Zeilen enttäuscht zur Seite legen. Es ist ein theologisches Buch – das allerdings nicht nur für Theologen geschrieben ist, sondern für all jene, die sich ernsthaft Gedanken machen um den Sinn des Lebens, um den Glauben heute und morgen – um Sinn, Wirklichkeit und Erscheinung von Kirche.

„Ja, gibt's denn nicht genug solcher Bücher?", höre ich den kritischen Einwand; ebenso: „Wer liest denn das schon?" Und noch ein Einwand ist mir bewusst: „Es gibt doch viele Experten, die werden schon wissen, was sie tun, was soll es denn da noch Neues geben?"

Um etwas Neues kann es zunächst schon deshalb nicht gehen, weil das ‚Alte' so jung ist, dass es sowohl heute als auch morgen ‚brandaktuell' ist. Das will das vorliegende Buch erweisen.

Nach Aussage von Papst Franziskus wird die Kirche eine „verbeulte" Gestalt haben, weil sie an die „Ränder" geht. Dort, wo es rau und hart, oft auch lieblos und ungerecht zugeht. Dort soll Kirche sein. Und warum soll sie dort sein? Ich bin davon überzeugt, dass unser Glaube etwas für den Menschen bereithält, was unverzichtbar ist. Glaube ist eine Botschaft der Liebe, der Freude und der Hoffnung. Ohne ihn gibt es Banalität, Verzweiflung und Hoffnungslosigkeit. Dabei sei gleich zweierlei gesagt:

Diese Wirklichkeit umfasst alle Menschen, sie ist überall anzutreffen. Es ist pure Arroganz, Heuchelei und Ignoranz, zu meinen, nur wo man sich ausdrücklich zu ihr bekennt, gebe es diese Wirklichkeit. Dass Liebe umfassend ist, dass sie der Grund und das Ziel aller Wirklichkeit ist und so eine begründete Hoffnung stiftet, die trägt – das ist zutiefst Selbstverständnis christlichen Glaubens. Warum? Weil Gott „alles in allem" ist und seine Güte, Huld und Barmherzigkeit viel weiter reichen, als wir es uns in unseren engen Gedanken vorstellen können.

Und noch etwas: Ich habe den nicht unbegründeten Verdacht, dass diese Botschaft heute und erst recht morgen in Gefahr geraten kann, ein „Geschwätz von gestern" zu werden. „Löscht den Geist nicht aus!" Dieser Aufruf aus dem ersten Thessalonicherbrief kommt mir in den Sinn, wenn ich auf manche Entwicklungen in Gesellschaft und Kirche blicke.

Der Glaube läuft vielfach Gefahr – trotz intensiver „Erneuerungsprozesse" –, ein gesellschaftliches Randphänomen zu werden. Dabei geht es nach eigenem Selbstverständnis um nicht weniger als um die Frage nach dem rechten Bild vom Menschen, das immer mehr ausschließlich in die Rolle eines Konsumenten, Verbrauchers und Kostenfaktors zu kommen scheint. Für den christlichen Glauben ist die Gefahr der Irrelevanz, der Ignoranz viel größer als jede Religionskritik. Eugen Drewermann beschreibt diese Gefahr in einer sehr bewegenden Passage: „*Kaum eine Information ist erschreckender, als dass in unserer Gesellschaft nur noch etwa 40% der Bevölkerung an ein persönliches Leben jenseits des Todes glauben ... Aber es scheint, als sei die personale Substanz, die geistige Konsistenz des Individuellen derart ausgezehrt, dass sich im Bewusstsein zunehmend die Lebenswirklichkeit der Großstädte ausbreitet: die graue Anonymität, die mechanisierte Sinnlosigkeit, die fast zwanghafte Reduktion des Lebens auf Konsum, Verwertbarkeit und scheinrationale Planbarkeit, und parallel dazu ein Tod, der so belanglos ist, wie man gelebt hat: ein statistisches Kommen und Gehen ohne Sinn und Bedeutung."*[1]

Karl Rahner nahm die „Meditation über das Wort ‚Gott'" sogar in seinen „Grundkurs des Glaubens" auf. Offensichtlich war sich Rahner der Gefahr sehr bewusst, die dem Einzelnen und der menschlichen Gemeinschaft als Ganzer droht, wenn sie den Gottesbezug verliert und dabei diesen Verlust als solchen nicht einmal mehr empfindet. *„Dann ist der Mensch nicht mehr vor das eine Ganze der Wirklichkeit als solcher und nicht mehr vor das eine Ganze seines Daseins als solchen gebracht ... Er würde sich restlos über dem je einzelnen an seiner Welt und in seinem Dasein vergessen ... Der Mensch hätte das Ganze und seinen Grund vergessen, und zugleich vergessen – wenn man das noch so sagen könnte –, dass er vergessen hat. Was wäre dann? Wir können nur sagen: Er würde aufhören, ein Mensch zu sein. Er hätte sich zurückgekreuzt zum findigen Tier."*[2]

Die verschiedenen Spielarten der Religionskritik ringen noch um Glauben und Wahrheit. Sie „reiben sich" an Gott und machen ihn so immer wieder zum Thema, das nicht verschwiegen werden kann. Leider antworten Teile der Kirchen auf die zunehmende Bedeutungslosigkeit von Religion für das praktische Leben mit Rückzug und fundamentalistischen Tendenzen. Nichts ist verkehrter und bedrückender als das.

Darum werden in diesem Buch – über weite Textpassagen hin – Glaubenszeugen zu Wort kommen, die den Marsch der Kirche ins Getto verhindern wollen. Genannt seien Karl Rahner[3], Hans Urs von Balthasar[4], Reinhold

Schneider und Eugen Drewermann[5]. Wenn mich mein Eindruck nicht täuscht, sind gerade die beiden großen katholischen Theologen des 20. Jahrhunderts, Rahner und Balthasar, heute kaum mehr bekannt. Dabei haben sie in exemplarischer Weise die Herausforderungen der neueren Zeit angenommen, so dass sie heute noch brandaktuell sind. Ich glaube, insbesondere die Theologie Karl Rahners[6] ist – immer noch – im Kommen. Und auch Reinhold Schneider ist kaum noch bekannt.[7] Besonders sein literarisches Werk hat sich der Tragik im Leben gewidmet und den Glauben mit dieser Erfahrung konfrontiert.[8] Die Dissonanzen des Lebens, die Ambivalenzen, die Widersprüche und Zerrissenheit suchen nach Antworten, die sich diesem Dilemma stellen. Nach Antworten, die tragen, die weiterführen, die Zukunft verbürgen.

Das vorliegende Buch gliedert sich wie folgt:

- Am Anfang steht eine ‚Bestandsaufnahme' anhand zweier gegensätzlicher Beobachtungen zum Phänomen Glaube und Kirche.
- Im Mittelteil geht es neben Fragen der Vermittlung theologischer Optionen insbesondere um Fragen der praktischen Glaubensweitergabe. Fragen theologischer Reflexion werden ergänzt durch pastoraltheologische, an der Praxis orientierte Erwägungen.
- Der Schlussteil widmet sich wichtigen Glaubenshelfern. Dabei haben die Beiträge Karl Rahners und Eugen Drewermanns[9] einen herausgehobenen Stellenwert.

Zu danken habe ich vielen Wegbegleitern. Mein Bruder, Pater Wolfgang Hubert, und Herr Andreas Hüser aus Hamburg seien stellvertretend für viele andere genannt, die mich in meinem Vorhaben bestärkt und wohlwollend kritisch begleitet haben. Das Buch hätte seinen Zweck erfüllt, wenn es mithilft, die Freude am Glauben zu stärken oder wieder neu zu entfachen.

Rudolf Hubert
Schwerin, den 1.5.2018

I.
Annäherung – zwei gegensätzliche Erfahrungen und Beobachtungen

Beginnen wir mit einer kleinen Geschichte und zwei geschichtstheologischen Erwägungen. Während die erste Geschichte verstörend, beklemmend und gleichzeitig aufklärerisch wirkt, sind die beiden anderen Aussagen geprägt von einem Blick auf die Geschichte und der Frage: Welche Rolle spielten und spielen Glaube und Christentum in Geschichte und Gesellschaft und wie sieht eine – mögliche – Zukunftsperspektive aus?

Die Geschichte vom Feuerbringer[10]

„In alten Zeiten war es jemandem gelungen, aus totem Stein, aus trockenem Laub und aus zerriebenem Holz Feuer zu entzünden. In seiner Freude suchte er einen Menschenstamm im hohen Norden auf, um den Frierenden in den Wintermonaten Licht und Wärme zu schenken. Die Menschen waren darüber so glücklich, dass sie vergaßen, dem Manne zu danken. Der nämlich war sehr bald schon weitergereist, zu einem Nachbarstamm, um auch diesem den Segen des Feuers zu bringen. In diesem Stamme aber wurden die Priester eifersüchtig auf die neue Gabe der Götter. Sie brachten den Mann um. Und um ihre Tat zu verschleiern, errichteten sie in dem vornehmsten ihrer Tempel mitten auf dem Hochaltar ein Bild des ehrwürdigen, allzeit zu verehrenden Feuerbringers. Ja, ihre Hochachtung für diesen Mann ging so weit, dass sie einen eigenen Kult für ihn einrichteten. Mit großer Sorgfalt setzten sie die Gebete und Formeln fest, in denen es möglich und nötig sei, jenen Mann richtig

und wirksam zu verehren. Sie gaben sogar eine offizielle Lebensbeschreibung des großen heiligen Feuerbringers und Mannes Gottes heraus, die in allen Familien gelesen werden musste und schon den Kindern zum Lernen aufgegeben wurde. Und damit niemand in Irrtum darüber gerate, von welch wahrer Natur und erhabener Wesensart jener Gottesmann wirklich gewesen sei, erstellten sie eine ausführliche Darlegung des einzig wahren, für alle verbindlichen Glaubens an den großen und einzigartigen, allen Menschen guten Willens verbindenden Feuerbringers; und damit niemand mehr die also irrtumsfrei unterwiesenen Gläubigen zu Irrtum verführe, verfügten sie obendrein streng, dass im Falle auch nur der geringfügigsten Abweichung in Inhalt und Wortlaut von der vorgeschriebenen Diktion ihrer Dogmen der derart Schuldiggewordene mit dem Feuertod zu bestrafen sei als ein Feind der Götter und der Menschen. Kein Vergehen gab es, das für größer galt als dieses. – Alles war somit auf das beste und trefflichste bestellt, um den großen, göttlichen Feuerbringer in allen Zeiten zu ehren; es fehlte nur noch, dass die barbarischen Völker ringsum der gleichen Wahrheit und Segnung teilhaftig würden. Man zog daher aus und zerstörte ihre primitiven Hütten und heidnischen Gotteshäuser; man zwang sie, in den Bergwerken nach Silber und Gold zu graben und bestrich damit die Pfeiler und Kuppeln der herrlichsten Kirchen. Kein Opfer schien groß genug, dessen die Ehre des göttlichen Feuerbringers nicht wert gewesen wäre. Nur die Kunst des Feueranzündens selber war in Vergessenheit geraten. Niemand mehr wusste, dass Feuer sich finden lässt einzig in etwas so Einfachem wie einem toten Stein, einem bisschen trockenen Laub und zerriebenem Holz. Die Priester probierten wohl insgeheim immer wieder, mit Blättern aus purem Gold, mit Zweigen aus schimmerndem Silber und mit den kostbarsten rotglühend glänzenden Rubinen und Granaten Feuer zu entfachen. Doch vergebens. Der Kult des Feuermachens hatte die Kunst, Feuer zu machen, endgültig getilgt.

So weit die Parabel, die von Eugen Drewermann im Blick auf die Kirche heute interpretiert wird: „*Was erlaubt unter solchen Umständen das* Wiederfinden des ‚Feuers'? *– Keine Religion, auch nicht die christliche, beglaubigt sich länger durch* die Erhabenheit ihrer Tradition *und Geschichte – selbst die Länge von zweitausend Jahren beweist nicht das Geringste für ihre Wahrheit; im Gegenteil,* Martin Luther *schon wusste, dass eineinhalbtausend Jahre Kirchengeschichte womöglich nichts sind als eine stets wachsende Entfremdung und Verfälschung des Ursprungs. Wer diese Möglichkeit auch nur von ferne zulässt, der beruhigt sich niemals mehr beim Anblick all der Kathedralen und Dome, der Kirchen und Kapellen, der Museen und Schatzkammern, der Tresore und Banken, der Grundbesitze und Aktien … Der wird viel eher misstrauisch und traurig, wenn er den Kontrast zwischen dem ‚Bild' des ‚Feuerbringers' und dem goldenen Rahmen, in den man es einfasst, bemerkt. Womöglich wollte jener göttliche Feueranzünder gar keine kultische Verehrung seiner Person, er mochte nur, dass die Menschen es lernten, nach seiner Weise aus dem toten Stoff den Funken des Feuers zu schlagen und niemanden mehr schutzlos frieren zu lassen!*"[11]

Diese Interpretation von Eugen Drewermann ist sehr bedenkenswert. Doch Vorsicht ist geboten! Hier wird etwas kritisiert, was es geben mag. Aber die Frage geht tiefer: Im Christentum geht es primär nicht um Verehrung eines Idols, sondern um Christusnachfolge. Das sind zwei sehr unterschiedliche Betrachtungsweisen. Was zu Recht kritisiert wird, ist ein Zerrbild des Christlichen, auch wenn es das Verständnis von Christen trifft, die die wirkliche Nachfolge Jesu ersetzen und verwechseln mit der (für sie folgenlosen) Verehrung eines Idols. Drewermanns Interpretation zwingt dazu, das Eigentliche christlichen Glaubens stärker in den Blick zu nehmen, es von Zerrformen zu reinigen und die Nachfolge Jesu im Hier und Heute zu bedenken und vor allem – zu tun!

Das Wirken des christlichen Geistes in der Geschichte wird auch anders wahrgenommen und interpretiert. Alexander von Schönburgs „*Weltgeschichte to go*" zeichnet ein gänzlich anderes Bild und lädt ein, unterschiedliche Betrachtungsweisen in einen lebendigen Austausch zu bringen.

Das Christentum in der Geschichte[12]

„Bislang hatten Götter als fern, grausam und launenhaft gegolten. Sie waren vor allem unerreichbar – und das war auch gut so, denn Götter wurden gefürchtet und nicht geliebt. Die Vorstellung, die Götter zu lieben, war lachhaft. Noch absurder war höchstens die Idee, die Götter – oder ein übermächtiger Gott – könnte jeden Einzelnen kennen und lieben. Genau das predigte Paulus aber: ‚Jeder Einzelne wird von Gott geliebt.' ... *Dieses Konzept der ‚Religion für alle' war ein revolutionärer, urdemokratischer Akt. Mit gewaltigen Folgen. Durch die Hervorhebung einer persönlichen Beziehung zu Gott, die für alle erreichbar sein sollte, brachte Paulus die Idee einer universellen Menschenwürde auf die Welt. Der amerikanische Sozialanthropologe Ernest Becker bezeichnete dies als die ‚bemerkenswerteste aller Leistungen des christlichen Weltbildes: Er nahm sich die Sklaven, die Krüppel, die Schwachsinnigen, die Einfältigen und die Mächtigen und machte sie alle zu potentiellen Helden ...'* ... *Die Nachricht von der persönlichen Liebe Gottes zu jedem Einzelnen hatte sich als unwiderstehlich erwiesen. Das moderne Konzept des Individualismus und der Menschenwürde, der Glaube, dass jeder einzelne Mensch wertvoll ist, verdankt seine Existenz der Idee eines jeden Einzelnen liebenden Gottes. Der areligiöse Humanismus und unser säkularer Wertekanon haben*

später – sehr viel später – die Vorstellung vom absoluten Wert des Individuums und der Autonomie jedes Menschen von der Religion übernommen. Das säkulare Konzept der Menschenwürde ist aber nichts anderes als die von seinen religiösen Konnotationen befreite Version der von Paulus verbreiteten christlichen Botschaft. In der von Paulus verbreiteten Botschaft vom göttlichen Funken in jedem Menschen waren noch weitere soziale und politische Sprengkapseln versteckt. Zum Beispiel die implizierte Gleichheit vor Gott von Mann und Frau. Oder von Herr und Sklave. Gott ist durch seinen Geist ganz nah bei jedem ... Die Verbreitung des Christentums ging mit Gewalt einher ... Und dennoch kann man der christlichen Religion selbst als hartgesottener Kirchengegner nicht absprechen, dass sie eine Idee in die Welt gebracht hat, die der antiken Welt komplett fremd war: den Kult der Schwachheit ... Mit diesem Paradox – Sieg durch Gewaltverzicht – formulierte er (gemeint ist Paulus, Anm. R. H.) *etwas, was zum ideellen Kern der westlichen Welt wurde, auch des späteren, säkularen Wertekanons des Westens: die Achtung vor dem Schwachen, die Sorge um Hilfsbedürftige, die Verpflichtung für das Leben jedes Einzelnen. Ein Christ wird nicht behaupten, dass dieser Geist die Welt regiert, erst recht nicht im Westen, aber es lässt sich auch schwerlich leugnen, dass dieser Geist in unserer Gesellschaft etwas höchst Revolutionäres bewirkt hat. Die Geringschätzung der rohen Macht des Stärkeren, die Zügelung von Willkür, all das, was westliche Vorstellungen von Fairness und Rechtsstaatlichkeit ausmacht, hat sich – als stabileres Fundament für eine fortschrittliche Gesellschaft erwiesen als Willkürherrschaften. Die Stärke des westlichen, des europäischen Modells ist offenbar ihr Respekt vor Schwäche ... Es gibt auch guten Grund, sogenannte ‚westliche Werte‘ zu verteidigen. Im Kern – das wird nur häufig vergessen – basieren sie auf der Achtung vor dem Schwachen. Deswegen haben wir so ein dichtes Netz an Krankenhäusern. Sonst gäbe es in Europa keinen auf Solidarität gründenden Wohlfahrtsstaat, der allen Bürgern und Einwanderern die Chance auf Teilhabe an der Gesellschaft gibt. Würde das europäische Gesellschaftsmodell nicht auf dem Prinzip der Achtung vor dem Schwachen gründen, wäre Europa nicht so attraktiv und würde nicht Menschen aus Kulturen anziehen, die diese Achtung nicht kennen."*

Ganz ähnlich argumentierte schon vor vielen Jahren der Literaturnobelpreisträger Heinrich Böll: *„Selbst die allerschlechteste christliche Welt würde ich der besten heidnischen vorziehen, weil es in einer christlichen Welt Raum gibt für die, denen keine heidnische Welt je Raum gab; für Krüppel und Kranke, Alte und Schwache, und mehr noch als Raum gab es für sie: Liebe für die, die der heidnischen und der gottlosen Welt nutzlos erschienen und erscheinen … Ich empfehle es der Nachdenklichkeit und der Vorstellungskraft der Zeitgenossen, sich eine Welt vorzustellen, auf der es Christus nicht gegeben hätte, eine Welt, die der gleichen müsste, wie sie der Quinicey in seinen Opiumträumen sah."*[13]

Hier möchte ich noch einmal kurz den Gegensatz beider Einschätzungen – Christentum als Entfremdungsgeschichte einerseits und Christentum als Anwalt echter Humanität andererseits – resümieren und fragen: Wie passt das zusammen? Vor allem: *Was* passt zusammen? Wie können diese unterschiedlichen, ja gegensätzlichen Wahrnehmungen erklärt werden? Gibt es eine Verbindung zwischen diesen Gegensätzen? Wir leben in einer sehr ambivalenten Zeit, die geprägt ist von einer extremen Spannung: Einerseits vom (Alb-)Traum scheinbar menschlicher Allmacht und gleichzeitig von abgrundtiefer Angst und Ohnmacht. Es hat den Anschein, als könnten und wüssten wir (fast) alles. Und offensichtlich war die gleichzeitige Empfindung der Ohnmacht vor Schrecknissen apokalyptischen Ausmaßes noch nie so groß wie heute. Diese Ambivalenz scheint den Menschen von heute nicht nur zu kennzeichnen. Sie scheint ihn – wenn wir uns nur die jüngsten Terrorszenarien weltweit vor Augen führen – buchstäblich zu zerreißen.

II.
Glaubensvermittlung in heutiger Zeit

1. Hinführung

Um die Situation besser zu verstehen, ist ein geschichtstheologischer Hinweis nötig, der es auch erlaubt, dieses menschheitliche Drama geschichtlich einzuordnen: Hans Urs von Balthasar, auf den ich gleich noch näher eingehe, verdanke ich folgenden entscheidenden Hinweis hierzu: *„Es ist grundlegend wichtig zu sehen, dass es echten Atheismus erst nachchristlich gibt: als Anti-theismus. Vorher gab es die Möglichkeit, zugleich religiös und ‚atheistisch' zu sein: etwa im Buddhismus. Der Weltgrund war eben ein tief verborgenes Geheimnis, das noch jenseits aller vorstellbaren Gottesbilder lag. ... Seit Jesus Christus mit dem Anspruch auftrat, als Sohn Gottes die unmittelbare Darstellung seines göttlichen Vaters zu sein und den Geist Gottes zu besitzen und ihn sogar zu verleihen: seither kann der Mensch sich anmaßen, selber das Absolute, das Autonome sein zu wollen, das sich selber Gesetz ist ... Hier wird nur vergessen: dass Christus in der Gestalt der ‚Erniedrigung' erschien ..."*[14]

Die Frage, die sich angesichts dieses ‚Befundes' mit umso größerer Dringlichkeit stellt, ist die nach dem „Ort des Glaubens" in dieser Zeit, in dieser Situation.[15] Dabei wird man zunächst ganz unbefangen feststellen: Es ist in der Tat keine Frage, dass die Glaubensvermittlung objektiv viel schwieriger geworden ist als in vergangener Zeit. Denn sämtliche gesellschaftliche ‚Stützen' sind geborsten; nichts ist mehr selbstverständlich in der Glaubensweitergabe. War es in volkskirchlichen Bezügen de facto fast selbstverständlich, dass Kinder auch im Glauben in die Fußstapfen ihrer Eltern traten, so ist heute an diese Stelle ein *Entscheidungsglaube* getreten, um den mühsam gerungen werden muss. In vergangener Zeit war beispielsweise das Wort eines Pfarrers per se, wenn nicht gleich ‚das Evangelium', dann in jedem Fall doch bedenkenswert. Ein Geistlicher war weithin eine Autorität, der man nicht ohne triftigen Grund widersprach. Wenn man es tat, dann noch mit gehörigem Respekt. Das alles ist heute anders geworden! Heute ist das „Wort von der Kanzel", wenn nicht ohnehin belanglos oder verdächtig, dann in jedem Fall ein Wort, das eine gewisse Berechtigung und Relevanz nur dann für sich beanspruchen kann, wenn es sich vor einem kritischen Forum der Rationalität und des Lebens ausweisen kann und sich zu bewähren vermag.

Es waren gerade die beiden großen Glaubenszeugen Karl Rahner und Hans Urs von Balthasar, die die Glaubensfragen von heute in fast prophetischer Art und Weise vorausgesehen haben. Und sie haben Antworten versucht – die durchaus recht unterschiedlich ausfielen und die sicherlich heute nicht kopiert oder einfach wörtlich weitertradiert werden können; deren Impulse heute jedoch noch wirken und helfen können.

In unserer Kirche – das scheint nämlich eine ganz reale Gefahr zu sein – sind wir dabei, wichtige Traditionen zu verlieren.[16] Das kann und das wird nicht ohne gewichtige Folgen bleiben, ich werde darauf gleich noch näher eingehen. Doch zunächst soll an dieser Stelle schon eines deutlich festgehalten werden: Wer über den Glauben nachdenkt, wird das eigene Leben nicht quasi „außen vor lassen" können. Und vielleicht bin ich damit sogar schon in gewisser Weise an einem ersten kleinen ‚Baustein' zur

Beantwortung der Frage nach der Glaubensvermittlung heute, nämlich: dass man auf Dauer seinen Glauben nicht einfach ‚konservieren' kann, sondern dass man über ihn kontinuierlich im Gespräch bleiben muss (*Stichwort Dialog*), um seine Lebenstauglichkeit, seinen „Mehrwert" für das Leben zu prüfen und zu erweisen. Ich persönlich erlebe dies besonders im offenen und freimütigen Austausch im Interreligiösen Dialog. Insbesondere in den sogenannten „offenen Foren" wird besonders der Austausch mit Menschen gesucht, bei denen die Fragen an die Religionen im Vordergrund stehen. Auch die religionskritische Auseinandersetzung, beispielsweise mit dem Humanisten-Verband, führt dazu, die eigene Glaubensposition kritisch zu hinterfragen, sie besser zu begründen bzw. sie verständlicher zu akzentuieren.

Das setzt zweierlei voraus:

- erstens, dass man in gewisser Weise für derlei Fragen, in denen es um „Alles oder nichts" geht, tatsächlich ‚brennt' und sie nicht als irrelevant oder gar unsinnig charakterisiert, wie es sämtliche Spielarten des Positivismus gerne tun. Dazu zählen für mich auch – als „praktischer Positivismus" – der theoretische und praktische Materialismus,[17] der Pragmatismus und eine – oft unreflektierte – konsumzentrierte Lebensweise.
- zweitens braucht man Vertrauen und Partner im Gespräch. Damit ist „in nuce" schon die Kirchlichkeit des Glaubens mit ausgesagt, denn Glauben kann man nicht allein.

Glauben kann man vor allem nicht ‚machen', ihn gewissermaßen ‚herstellen', denn der „Glaube kommt vom Hören". Er ist kein Resultat der Philosophie, also des Denkens, obwohl gläubige Menschen in ihrem Glauben den Verstand brauchen und gebrauchen und ihn nicht gewissermaßen an der Eingangstür abgeben. Denn der Glaube hat Glaubensgründe, um deren Einsicht immer neu gerungen werden muss. Dennoch gilt: Glaube ist zuerst und zuletzt ein unverdientes Geschenk, eine Gnadengabe.

Joseph Ratzinger (Papst Benedikt XVI.) hat dies in seinem Werk „Einführung in das Christentum" so formuliert: *„Der Glaube kommt vom ‚Hören', nicht – wie die Philosophie – vom ‚Nachdenken'. Er hat sein Wesen darin, dass er nicht das Ausdenken des Ausdenkbaren ist, das mir dann am Schluss als mein Denkergebnis zur Verfügung steht; für ihn ist es vielmehr kennzeichnend, dass er aus dem Hören kommt. Empfangen dessen ist, was ich nicht ausgedacht habe, sodass das Denken im Glauben letztlich immer Nach-denken des vorher Gehörten und Empfangenen ist."*[18]

Für mich schließen sich an dieser Stelle konkrete Fragen an, die dahin zielen, ob und wie zum Beispiel Erneuerungsprozesse unserer Kirche gelingen können:

- Gelingt es uns, in unseren Gemeinden und Orten kirchlichen Lebens[19] das *Gespräch über den Glauben* (und damit auch die Freude am Glauben) zu entfachen?
- Wie kann dies gelingen?
- Haben wir für geistliche Prozesse genügend und genügend geeignetes Personal?
- Wenn nicht oder nicht in ausreichender Zahl, dann stellt sich die Frage: Was können wir selber tun? Und was tun wir?
- Haben (entwickeln) wir noch genügend Sensibilität für die „Not und den Segen des Gebetes"? (Karl Rahner).

- Wenn man den Satz gelten lässt, dass man nur „mit den Ochsen pflügen kann, die man hat", ist längst noch nicht ausgemacht – um im Bild zu bleiben –, dass die ‚Ochsen' an der richtigen Stelle im Geschirr postiert sind.

Verschiedene Fragen drängen sich zudem auf:

- Was steckt hinter der feststellbaren zunehmenden ‚Abstinenz' von der sonntäglichen Eucharistiefeier?
- Ist dieses Phänomen vielleicht *auch* eine Frage des Kirchenverständnisses?
- Welche Erfahrungen wurden (und werden) gemacht, die zu diesem – oft stillen – Auszug aus dem Raum der Kirche führten oder führen?
- Wie wird Kirche wahrgenommen? Als zugewandt, hilfreich und einladend oder eher als ab- und ausgrenzend, langweilig und wenig ansprechend?
- Wie sieht es mit Partizipation, mit wirklicher Teilhabe aus? Wird sie gefördert und ernst genommen oder eher mehr geduldet als Notlösung oder gar blockiert?

Hier fällt mir ein Text Karl Rahners ein, der Grundlegendes beinhaltet in Bezug auf eine Pastoral, die zuerst nach den Gaben[20] fragt und danach erst nach den Aufgaben.[21] *„Die Erwartung einer ... Demokratisierung in der Kirche setzt keine naive und kurzschlüssige Glorifizierung des Demokratischen im allgemeinen voraus. Sie entspringt vielmehr einmal dem grundlegenden Glaubenssatz, dass Würde und Gleichberechtigung aller Getauften in der Kirche eine ursprünglichere Gegebenheit für die Kirche bedeuten als die gewiss notwendige Differenzierung ihrer Funktionen und deren Verteilung auf bestimmte Träger, von denen nicht jeder jedwede Vollmacht hat."*[22]

2. Verschiedene Optionen der Glaubensvermittlung

2.1. Hans Urs von Balthasar – „Dialog und Dienst aus unanfechtbarer Identität"[23]

Dialog und Dienst aus unanfechtbarer Identität[24] – diese Kennzeichnung der Theologie Hans Urs von Balthasars ist bewusst etwas grob gewählt, um das Eigentümliche der Glaubensvermittlung bei Hans Urs von Balthasar möglichst gut in den Blick zu bekommen. Fairerweise muss man auch sagen, dass diese Kennzeichnung nicht die einzige Art der Glaubensvermittlung ist, die Urs von Balthasar kennt,[25] wohl aber die entscheidende. Beginnen möchte ich mit einem Auszug aus einem sehr bedenkenswerten Artikel, den er zu Beginn der 1970er Jahre verfasst hat. Er steht exemplarisch für seinen Vorschlag der Glaubensweitergabe: *„Wenn das Christentum eschatologisches Schwergewicht haben soll, dann muss es sich als solches auf eine Art erweisen, die an keiner Stelle das Mysterium Gottes ‚erklärt' (auch wenn Gott sich darin offenbart), aber an der entscheidenden Stelle tätig die Welt verändert. Zum ersten: die Provokation im Satz ‚Ich bin der Weg, die Wahrheit und das Leben' ist durch keine Vermittlung zu entschärfen. Sie wird von nirgendsher angenähert. Sie bleibt inmitten der Geschichte einsam stehen. Alles ruht auf dieser unkonstruierbaren Spitze. Sie ‚ergibt' sich nicht aus der Kombination oder Synthese von jüdischen und hellenistischen Erwartungen. Sie ist unerwartbar. Und wo sie plötzlich dasteht, fordert sie sofortig und ohne eine Reflexionspause einzuräumen den Glauben. ‚Ich bin die Auferstehung und das Leben. Glaubst du das?' (Joh.11,25f.) Die Antwort ist: ja; der Glaube muss also die Richtigkeit des Anspruchs aus diesem selbst soweit erkannt haben, dass er ihn anerkennt …"*[26]

Doch sofort meldet sich ein grundsätzlicher Einwand: *„Aber bleibt diese einmalige Konstellation – Anspruch, Kreuz, Auferweckung – nicht ein bezugsloser Aerolith, inmitten der horizontalen Weltgeschichte aufschlagend? Was geht sie uns an? Was hat sie an der menschlichen Situation verändert?"*[27] Hans Urs von Balthasar, der sich selbst diesen Einwand vorgegeben hat, antwortet dann auch direkt darauf: *„Wir bleiben beim Thema des absoluten Schwergewichts und schließen mit ihm. Die Ohnmacht unserer Zeit ist, dass sie das Gefühl für dieses Gewicht und das Interesse an ihm zu verlieren droht und mit dem Zuhandenen vorlieb nimmt. Ein Symptom (nicht mehr) dieser Ohnmacht ist die Unfähigkeit der Christen, zu ermessen, was ihnen durch die angeblich kritischen ‚Reduktionen' des christlichen Phänomens abhanden kommt. Sie haben das Auge nicht mehr, die absolute Einmaligkeit des Satzes ‚Jesus ist Christus' mitsamt seinen Implikationen zu sehen."*[28]

Balthasar konstatiert hier also zweierlei: Er nimmt „Reduktionen" am „christlichen Phänomen" in der Verkündigung wahr, die sich bitter rächen, indem sie ausmünden in eine „Unfähigkeit", eine partielle Blindheit der Christen für den Verlust, den sie selber mitzuverantworten haben. An dieser kritischen und tendenziell skeptischen Beurteilung der Lage hält Urs von Balthasar bis an sein Lebensende fest, denn in seinem „Epilog", dem Schlussbaustein seiner großen Trilogie „Herrlichkeit-Theodramatik-Theologik", formuliert er gleich im Vorwort: *„Man soll den Menschen, heißt es, dort abholen, wo er steht ... ‚Ob wir auch im Zeitalter der Medien ein kulturelles Erbe (und einen religiösen Glauben) weitergeben oder ob uns am Ende mit der verlorenen Sprache auch das Hören und Sehen vergeht', fragt Hans Maier mit Recht. Was das für Ruinen sind, die dort (wider ihren Willen) ‚abgeholt' werden sollten, fragen sich die* *meisten Religionslehrer heute, ebenfalls mit Recht ... wo liegt der ‚Anknüpfungspunkt' angesichts der ‚anima technica vacua'? Ich weiß es nicht. Bisschen Tischchenrücken, bisschen Zen, bisschen Befreiungstheologie: schon viel. Mehr als eine ins Meer geworfene Flasche kann und will dieses kleine Stück nicht sein; dass sie irgendwo landet und einer sie findet, wäre ein Wunder. Aber zuweilen geschehen auch solche."*[29]

An anderer Stelle äußert sich Urs von Balthasar ganz ähnlich: *„Unsere Technik zersetzt alle Symbole; auch die exegetische Technik kann, wenn nicht ehrfürchtig genug gehandhabt, die zentrale Ikone zerfressen. Sowohl die Großzahl der in den letzten beiden Jahrhunderten produzierten religiösen Bilder und Statuen wie das nunmehr eingetretene Vakuum an solchen ist gleicherweise erschreckend. Demgemäß lässt sich sagen: sowohl das traditionalistische Sich-Festklammern an die künstlerische Symbolsprache einer vergangenen Zeit wie die progressistische Unfähigkeit, eine zeitgemäße Symbolik im Gottesdienst hervorzubringen, lässt erst die ganze Armut und Ratlosigkeit, in der wir stecken, hervortreten ... Aber die göttliche Forderung an die Gläubigen – in der immer die Gnade des Entsprechenkönnens mitgewährt wird – lässt sich in keine solche ‚Synthese' einbauen, sie ergeht quer zu allen innerweltlichen Rhythmen ... Heute sind wir arm genug geworden ..., arm genug auch – so steht zu hoffen –, dass unsere innere Leere sich mit Gottes Gnade verwandeln kann in einen adventischen Raum der Empfangsbereitschaft für eine neue Menschwerdung und christliche Welt, die zunächst nirgends sein kann als innen ... Wir sind es unserer Mitwelt nicht schuldig, mit ihr unfähig zu sein. Woher, wenn nicht aus diesem Innen kann überhaupt so etwas wie erneuerte Kultur und damit auch Kunst erhofft werden? In dem riesigen pluralistischen Gewimmel unserer Nach-Neuzeit wird solches sich bestenfalls immer nur in Inseln vollziehen können, aber solche haben die Kraft, sich auszubreiten, wie Wellenkreise ... Die* *technisierte Welt erweckt in vielen die Sehnsucht nach der ‚wahrhaft seligen Nacht', in der Gott die Menschheit besucht und durch sein Leiden erlöst hat ... Vielleicht ist es dann weniger wichtig, was unsere Zeit noch an Kunst hervorzubringen vermag, weil eines verbürgt ist, dass der Sicht-Gewährende Macht genug hat, seine Gestalt in denen, die ihm nachfolgen wollen, auszuprägen, ob die Welt dieses Bild zu erkennen beliebt oder nicht, und dadurch den Geprägten auch das Vermögen gibt, selber Prägende zu werden."*[30]

Auf die konkrete Frage, wie es zwischen all dem Pluralen und unserer universalen Sicht von Welt und Mensch zu einer „Über-Brückung" kommen kann, hat Hans Urs von Balthasar[31] in einem Gespräch, das er zum Ende seines Lebens hin mit Angelo Scola führte („Prüfet alles, das Gute behaltet", Ausgabe von 1987), in interessanter und aufschlussreicher Art und Weise geantwortet. Auf S. 42 formuliert Scola die Frage in folgender Form: *„Wie aber wird der wesentliche Kern des Christentums heutigen Menschen nahegebracht?"*

Hans Urs von Balthasar antwortet: *„Ich denke doch vor allem dadurch, dass man die Leute mit dem unverkürzten Evangelium konfrontiert, mit dem integralen Christus und nicht bloß mit einem ausgesuchten Charisma. Eine andere Antwort auf die wesentlichen Fragen der Menschen als die christliche gibt es nicht. Wir finden immer wieder zum gleichen Punkt zurück: Die Menschen müssen die Unvergleichlichkeit des Evangeliums mit allem, was ihnen sonst noch in der Welt begegnen mag, erkennen. In der ganzen Weltgeschichte gibt es nichts mit Jesus Christus Analoges, und es wird auch nie etwas Derartiges geben."*

So richtig die Aussage inhaltlich ist – die Aufgabe ihrer Vermittlung bleibt! Im Aufsatz „Universales Sakrament des Heils"[32] sind Roman Siebenrock und ich auf diese Problematik näher eingegangen:

- Eine „objektive Evidenz" des Glaubens, wie sie sich für von Balthasar z. B. bei der Betrachtung des Lebens Jesu ergibt,[33] kann hilfreich sein für jene Gläubige, die diese Glaubensschau und Glaubenserfahrung haben bei der Betrachtung der Geheimnisse des Lebens Jesu. Doch was ist mit all den anderen?
- Kann man auf weitere Vermittlung der Glaubensinhalte verzichten, wenn Menschen sagen, dass sie tatsächlich keinen Zugang zum Glauben haben? Hilft da nur ein umso stärkeres Insistieren auf der „objektiven Evidenz" der Christusgestalt?[34]
- Wohl wissend, dass Glaube im Ersten und Letzten *seine* Tat ist – wird man so dem kirchlichen Auftrag der Verkündigung hinreichend gerecht? Laufen wir dann nicht Gefahr, wahrgenommen zu werden als jene, die zwar behaupten, sich jedoch der Begründung des Behaupteten entziehen?

Dazu noch einmal Hans Urs von Balthasar: *„Diese Evidenz, dass hier das Höchstmögliche an Liebe sichtbar wird, lässt sich nicht durch den abstrakten Einwand beirren, dass Gott in seiner grenzenlosen Freiheit und Macht immer noch etwas Größeres erfinden und ins Werk setzen könnte. Die ‚Figur', die Gott hinstellt – zwischen seiner eigenen Freiheit und der Freiheit seines Geschöpfs, das er sündigen lässt (weil es frei ist und frei sein muss) und das er dann doch in Liebe zurückholen kann, ohne es durch seine Allmacht zu vergewaltigen und zu überrumpeln –, diese ‚Figur' hat die Evidenz eines Summums an sich. Nein, etwas Größeres kann nicht gedacht werden. Das wird verstanden."*[35]

Es waren und sind jene Texte bei von Balthasar,[36] die in der Gegenüberstellung der Grundoptionen der Glaubensvermittlung bei Karl Rahner und Hans Urs von Balthasar bei Letzterem einen bestimmten Typus von Glaubensidentität erkennen lassen, der sich durch eine ungebrochene und ungefährdete Identität charakterisieren lässt, deren Charakteristikum Krisensicherheit ist, die sich nicht irritieren lässt.[37] Ja, Balthasar fordert geradezu auf, sich nicht irritieren zu lassen, und wertet dies als Ausdruck eines starken Glaubens, denn nochmals: *„Diese Evidenz, dass hier das Höchstmögliche an Liebe sichtbar wird, lässt sich nicht durch den abstrakten Einwand beirren, dass Gott in seiner grenzenlosen Freiheit und Macht immer noch etwas Größeres erfinden und ins Werk setzen könnte."* Und: *„In der ganzen Weltgeschichte gibt es nichts mit Jesus Christus Analoges, und es wird auch nie etwas Derartiges geben."*

2.2. Karl Rahner – „Identität in Dialog und Dienst"[38]

Karl Rahners Grundoption lässt sich – ebenfalls nur sehr grob skizziert – wie folgt beschreiben: „Identität in Dialog und Dienst"[39]. Gemeint ist damit, dass Karl Rahner seinen Glauben nicht einfach ‚hat'. Der Glaube ist ihm kein ein für allemal erworbener Besitz. Auch Rahner erfährt sich herausgefordert und ‚angefochten' durch die Fragen und Probleme der Zeit. Für ihn ist der Dialog im Glauben ein Dienst, den der Verkündiger zu leisten hat. Die gemeinsame Bewältigung der Alltagssorgen,[40] das Teilen der Freuden und Leiden des Lebens, das gute Wort, die helfende Tat zeigen, wie sehr das Glaubensverständnis Karl Rahners im guten Sinne „geerdet" ist. *„Da ist einer, der erfährt, dass seine schärfsten Begriffe und intellektuellsten Denkoperationen auseinanderfallen, dass die Einheit des Bewusstseins und des Gewussten im Zerbrechen aller Systeme nur noch im Schmerz besteht, mit der unermesslichen Vielfalt der Fragen nicht* *mehr fertig zu werden und sich doch nicht an das klar Gewusste der Einzelerfahrungen und der Wissenschaften halten zu dürfen und halten zu können."*[41]

Aufschlussreich an dieser Passage ist zunächst, dass Karl Rahner seine grundsätzliche Frage und sein Bedenken ausdrücklich in einem geistlichen Zusammenhang, im Kontext der „Erfahrung des Geistes" formuliert. Menschsein – in allen Dimensionen – ist nach Rahner immer schon umfangen von dem, was in binnenkirchlicher Ausdrucksweise Gnade, göttliche Zuwendung genannt wird. Das ist nichts Neues, ganz im Gegenteil: Rahner nimmt eine alte theologische Tradition auf[42] und drückt deren Bedeutung für heutiges Denken und Leben aus.

Und noch etwas ist typisch für ihn: Er nimmt all seine Fragen und Nöte, Sehnsüchte und Hoffnungen in das Gebet hinein. Dabei realisiert er eine *geistliche, solidarische Zeitgenossenschaft,* die exemplarisch ist und die ich für *unverzichtbar* halte, wenn es um die Frage der Glaubensweitergabe heute geht. Darum ist hier auch der Ort, drei der vielleicht tiefsten und ergreifendsten Gebete Karl Rahners als Zugänge zum Christusereignis vorzulegen. Gerade in der Gegenüberstellung mit den christologischen Aussagen bei Hans Urs von Balthasar fällt dabei ins Auge, wie sehr Karl Rahner um Vermittlung mit den alltäglichen Erfahrungen der Menschen bemüht ist.

Nachfolge in der Liebe zum Nächsten

„Herr Jesus Christus, du selbst hast mir einen Weg zu einem wirklichen, mein Leben bestimmenden Glauben gewiesen. Es ist der Weg der alltäglichen und tätig hilfsbereiten Liebe zum Nächsten. Auf diesem Weg begegne ich dir, unbekannt und erkannt. Führe

mich, Licht des Lebens, diesen Pfad. Lass mich ihn in Geduld gehen, immer weiter und immer neu. Gib mir die unbegreifliche Kraft, mich selbst an den Menschen zu wagen, in der Gabe, mich selbst zu geben. Dann trittst du selber in unbegreiflicher Einheit mit denen, die meine Liebe empfangen, im Nächsten mir entgegen: Du bist der, der das ganze Leben der Menschen annehmen kann, und du bleibst zugleich der, in dem es, weggegeben an Gott, nicht aufhört, Liebe zum Menschen zu sein.

Mein Glaube an dich ist unterwegs, und ich sage mit dem Mann im Evangelium: ‚Ich glaube; Herr, hilf meinem Unglauben.' Führe mich deinen Weg, du der du Weg zum Nächsten, unbekannt gesuchter Bruder und darin Gott bist. Jetzt und immer. Amen."[43]

Das Wort Gottes als Zusage an mich

„Jesus, du hast die unbegrenzte, alles eröffnende und prüfende Frage des menschlichen Daseins gestellt, die ich selber bin. Aber dies geschah nicht bloß in Worten, sondern durch deine ganze Geschichte, nicht halb und mit Vorbehalt wie ich. Ich klammere mich dagegen an das einzelne, das sicher ist, und halte mich an den Tod, den ich als die Fraglichkeit schlechthin nur von ihm her erleide, ihn aber nicht aktiv vollziehe. Du bist die radikale Frage, die ich sein sollte. Du bist nämlich frei gestorben, und Gott stellte in dir diese grenzenlose Frage als seine eigene, nahm sie selber an und hob sie in jene Antwort auf, die seine heilige und selige Unbegreiflichkeit selber ist.

Was die Kirche, deren getauftes Glied ich bin, mir von dir sagt, klingt mir oft unbegreiflich. Lehre mich durch mein Leben, was damit gemeint ist. Ich will geduldig sein und warten können. Ich will versuchen, es mir immer wieder in das zu übersetzen, was ich an dir erfahre. Ich will auch das, was ich erfahre, weiten und einbergen in das, was deine Kirche von dir glaubt und bekennt.

Du bist gestern, heute und in Ewigkeit, weil dein Leben vor Gott nicht verlorengegangen sein kann. Du bist die unendliche Frage, an der ich und mein sterbendes Leben teilhaben, eben der Mensch. Du bist das Wort Gottes, weil Gott sich selbst mir in dir zusagte und sich selbst als Antwort aussagte. Du bist die Antwort Gottes, weil die Frage, die du als der sterbend Gekreuzigte bist, mit Gott selbst ewig beantwortet ist in deiner Auferstehung. Du bist der Gott-Mensch, beides, unvermischt und ewig ungetrennt. Lass mich im Leben und Sterben dein sein. Amen."[44]

Begegnung mit Jesus

„*Jesus, alle Dogmatik über dich ist gut, und ich sage vor ihr gern immer wieder: Ich glaube, ‚Herr, hilf meinem Unglauben.' Aber alle Dogmatik über dich ist nur gut, weil sie mir das mir eigene, innere Bild von dir, nein dich selbst verdeutlichen soll, wie du dich selbst mir in deinem Geist ins Herz sagst und wie du mir schweigend begegnest im Geschick meines Lebens als der Erfahrung dieser deiner inwendigen Gnade.*

Im Nächsten, an den ich mich ohne Rückversicherung wagen muss, in der Treue zum Gewissen, die sich nicht mehr lohnt; in aller Liebe und Freude, die doch nur Verheißung ist und fragt, ob ich den Mut habe, an die ewige Liebe und Freude zu glauben; in dem langsamen Ansteigen der dunklen Wasser des Todes in der Grube meines Herzens, in der Finsternis des Todes, der ein Leben lang gestorben wird, in der Alltäglichkeit der schweren Dienste täglicher Bewährung: überall begegnest du mir, allem bist du inwendig, ungenannt oder mit Namen angerufen. Denn in allem suche ich Gott, um der tötenden Nichtigkeit zu entfliehen, und in allem kann ich den Menschen nicht lassen, der ich bin und den ich liebe. Darum bekennt alles dich, den Gott-Menschen. Alles ruft nach dir, in dem als Menschen man Gott schon hat, ohne nochmals den Menschen

lassen zu müssen, und in dem als Gott man den Menschen finden kann, ohne fürchten zu müssen, dem bloß Absurden zu begegnen.
   Ich rufe dich an. Die letzte Kraft meines Herzens greift nach dir. Lass mich dich finden, dir begegnen in meinem ganzen Leben, damit langsam mir auch verständlich wird, was die Kirche mir von dir sagt. Es gibt nur zwei letzte Worte: Gott und Mensch, ein einziges Geheimnis, in das ich mich völlig, hoffend und liebend ergebe. Dieses Mysterium ist ja in seiner Zwiefalt wahrhaft eines, es ist eins in dir, Jesus Christus. Zu dir sage ich, meine Hand in deine Wunde legend, mit dem zweifelnd fragenden Thomas: 'Mein Herr und mein Gott'. Amen."[45]

Wenn Christus das Geheimnis meines Lebens ist, das Geheimnis *jedes* menschlichen Lebens, dann ergeben sich daraus wichtige Schlussfolgerungen für die Vermittlung und die Vermittler des Glaubens. Karl Rahner sagt es so: *„Der Priester ist heute primär der Diener des Glaubens der anderen … Wir brauchen nicht so zu tun, als ob wir die unbedroht und selbstverständlich Glaubenden wären. Wir sollen nicht kokettieren mit Glaubensanfechtungen … Es gibt sicher auch eine religiöse Erfahrung, die noch einmal alle diese Möglichkeiten einer christlichen Existenz in Angefochtenheit, in Armut, in Nacht, gewissermaßen in Freude und Friede umfasst und wirklich einem auch in einem wahren Sinn das Gefühl oder besser die existentielle Erfahrung, eine letzte Befindlichkeit geben kann, eigentlich Gott gar nicht ausweichen oder verlieren zu können, weil im Grunde genommen die scheinbare Gottferne noch einmal gerade Gott als Gott bezeugt und anwesend sein lässt."*[46]

Diese Aussage Karl Rahners über die Priester ist zugleich eine Aussage, die bezeichnend ist für die christliche Existenz überhaupt. Denn überall dort, wo Karl Rahner von „priesterlicher Einübung" spricht, meint er „zuallererst christliche(r) Existenz"[47]. Darum scheint mir, dass der

Rahner'schen Option für die Glaubensvermittlung aus pastoralen Gründen der Vorzug gegeben werden *muss*. Aus dem einfachen Grund, um echten Dialog zu ermöglichen und ihn nicht abreißen zu lassen! Dabei darf nicht außer Acht gelassen werden, dass bei dieser Gegenüberstellung *„die Alternative ... nicht in der Bestimmung des Christusereignisses und des liebenden Heilswillens Gottes anzusiedeln (ist), sondern im Verhältnis der Glaubenden und der Kirche zu diesem Ereignis und zu allen Menschen"*[48].

Darum ist es auch ratsam, bei der Beurteilung beider Optionen der Glaubensvermittlung, also der von Hans Urs von Balthasar und der von Karl Rahner, sich besonders die trinitätstheologischen Implikationen bei beiden näher anzuschauen. Ralf Miggelbrink hat hierzu Entscheidendes gesagt und gleichermaßen auf die im Leben der Menschen wirksame, also „heilsökonomische Trinität"[49] hinge- wie deren lebenspraktische und gnadentheologische Relevanz erwiesen: *„Insofern es ein göttlicher Wille ist, dem er* (der Christ, R. H.) *sich so konfrontiert weiß, und insofern im Rückschluss diesem einen göttlichen Willen nur ein Aktzentrum entspricht, bedeutet das Gebet und die je konkrete heilshafte Beziehung zu den verschiedenen göttlichen Subsistenzweisen keine Beziehung zu einem jeweils anderen Subjekt. Insofern es aber umgekehrt keine Beziehung zu dem einen Gott gibt, die an der Konkretheit seiner dreifachen Subsistenz vorbeiginge, ist der heilshaft personale Bezug des Christen zu Gott immer Beziehung zum Vater, zum Sohn und zum Geist als den konkreten Dreien ... Der Christ bezieht sich betend auf die konkreten Subsistenzweisen Gottes. Nur diejenige des Sohnes aber ist durch die hypostatische Union ‚anschaulich'. Diese ‚Anschaulichkeit' verweist den Menschen jedoch nicht in die Position des Zuschauers, sondern in diejenige der Nachfolge, sie hat Vorbildcharakter ...*

Als Gegenüber des Gebetes verweist Christus so in den Raum je eigener in die Zukunft hinein unter dem Beistand des Geistes im Angesicht des Vaters anzunehmender individueller Verantwortung: Trinitarische ‚Individualität' hat den Gipfel ihrer selbst in der Bezogenheit auf den einen göttlichen Willen in Bezug auf den Beter. Wenn man ‚Person' nicht metaphysisch, sondern eher ‚phänomenologisch', also im Sinne von ‚dieses konkrete Gegenüber' versteht, dann spricht auch von Seiten der Trinitätstheologie Rahners nichts dagegen, von drei göttlichen Personen zu sprechen."[50]

Karl Rahner hat es – das wird oft gar nicht wahrgenommen, wenn man sich mühsam durch seine langen, oft verschachtelten Sätze in den theologischen Aufsätzen quält – vermocht, die oft sperrigen Vokabeln theologischer Sprache in seinen *Gebeten und Meditationen* so ‚aufzubereiten', dass sie tatsächlich gut verständlich sind. Ohne allerdings die theologische ‚Substanz' aufzugeben oder zu vereinfachen! Ein sehr schönes Beispiel (neben vielen anderen!) bietet in Bezug auf die *Trinitätstheologie Karl Rahners* „Gebet um die Hoffnung":

Gebet um die Hoffnung

„Wir bitten dich, Gott der Gnade und des ewigen Lebens: Mehre in uns, stärke in uns die Hoffnung ... Lass uns immer Sehnsucht haben nach dir, der unendlichen Erfüllung des Wesens ... Die Hoffnung der Herrlichkeit aber, ewiger Gott ist dein eingeborener Sohn. Er ist der, der dein unendliches Wesen besitzt von Ewigkeit zu Ewigkeit ... er besitzt alles also, was wir erhoffen und ersehnen ... Dein ewiges Wort, Gott der Herrlichkeit, ist Fleisch geworden, ist geworden wie einer aus uns, er hat sich erniedrigt und Menschengestalt angenommen ... ein menschliches Schicksal

bis in seine fürchterlichsten Möglichkeiten … Christus in uns ist die Hoffnung der Herrlichkeit. Denn wenn du uns deinen Sohn schenkst, was könnte dann noch sein, was du etwa zurückbehalten hättest? … Wir sind Brüder des Erstgeborenen, des Einziggeborenen, Brüder deines Sohnes, Miterben an seiner Herrlichkeit. Wir nehmen teil an seiner Gnade, teil an seinem Geist, teil an seinem Leben, teil an seinem Schicksal … Nicht mehr wir leben unser Leben, sondern Christus, unser Bruder, lebt in uns und durch uns sein Leben … Er will sein eigenes Leben in uns weiterführen bis zum Ende der Zeiten, er will in uns und in unserem Leben die Herrlichkeit, die Größe, die Schönheit und die Segenskraft seines Lebens offenbaren."[51]

2.3. Die Glaubensanfrage aus Reinhold Schneiders „Winter in Wien"[52]

Die Frage der Glaubensvermittlung trifft nicht nur ins Zentrum all dessen, worum es heute in der Glaubensweitergabe geht. Sie ist auch Ausdruck eines Ringens um Antwort, das auch bei Hans Urs von Balthasar angesichts Reinhold Schneiders „Winter in Wien" wohl tatsächlich sein Leben lang angehalten hat. Wie sollte es auch anders sein bei dem existentiellen Gewicht dieser Fragen?! In bewegenden Worten gibt Werner Löser dazu Auskunft, wenn er in seiner *„Kleinen Hinführung zu Hans Urs von Balthasar"*[53] auf dessen Wort von der „heimlichen Rechthaberei des überforderten Hiob" über Reinhold Schneider, das Balthasar nicht ‚einfach mal so herausgerutscht' ist, das er öfter wiederholt hat und das ihn dennoch auch immer wieder beunruhigte, näher eingeht. Löser hat dieses Wort dann auch nicht nur als „Härte", sondern auch als mögliche „Ungerechtigkeit" charakterisiert.[54]

Schneider bezweifelt,[55] dass es eine Antwort der Offenbarung gibt für die unendlich weiten Räume,[56] für die anderen Geschöpfe und für die Geschichte insgesamt. Balthasar sagt dagegen: *„Warum eigentlich nicht? In der Tat ist die christliche Offenbarung ein Wort an den je Einzelnen, sie enthält keine Auskünfte über die millionenjährige Evolution, über die unzählbaren Lichtjahre des Kosmos. Ist es unmöglich, diese Quantitäten in einer einmaligen, absoluten Qualität einzubergen? Weshalb spricht Schneider dann vom ‚Eingang in Jesu Christi kosmische und geschichtliche Verlassenheit' und sieht im eigenen Leiden ‚vielleicht sogar ein(en) Anteil an ihr?'"*[57]

Die letzten Sätze machen die Aussage von Bischof Hemmerle in „Widerruf oder Vollendung"[58] nachvollziehbar und verständlich in Bezug auf die Frage, ob Schneider in seinem ‚Wiener Winter' seinen Glauben widerrief oder ob er in ihm zur Vollendung kam: *„‚Winter in Wien' ein frommes Buch? Vielleicht das frömmste, das Reinhold Schneider schrieb."*

Dennoch oder gerade deswegen: Schneider fragte weiter – und das war es wohl, was Balthasar so sehr irritierte –, auch und gerade jenseits der „Schau der Gestalt". Fast scheint es, als habe er in „Winter in Wien" Balthasars Antwort oder eine ähnliche erwartet, als er schrieb: *„Ich kann nur staunen über diese Kunst, über alle Gefährlichkeiten hinweg und ohne diese zu leugnen, den Gott der Liebe zu demonstrieren … Ganz betroffen war ich von der Kühnheit einzelner Definitionen. Aber die sind wie Lurche: sie schlüpfen durch die Finger. Und es ist alles gesagt – und nichts ist gesagt."*[59]

Die „objektive Evidenz" der „Schau der Gestalt" wird auch vom Balthasar-Kenner Wolfgang Klaghofer-Treitler in seinem Buch „Karfreitag" erheblich in Frage gestellt. In seinem ersten Buch über Balthasars Theologie[60] hat sich

Klaghofer-Treitler intensiv mit „*Inhalt und Form der Theologie nach Hans Urs von Balthasar*" auseinandergesetzt. „Karfreitag", sein zweites Buch über Balthasars Theologie, erschien fünf Jahre später, 1997, und führte „Gotteswort im Menschenwort", ergänzend und korrigierend, weiter. Für unser Thema sei nur folgende Passage repräsentativ ausgewählt:[61] „*Was diese Einschränkung hinsichtlich des Ästhetischen*[62] *betrifft, so ist damit ein Vorbehalt hinsichtlich der Wahrnehmbarkeit von Gestalt überhaupt formuliert; denn alle Behauptung der bestimmten Wahrnehmung einer solchen lässt diese nicht mit letzter Sicherheit erwiesen sein, sondern rückt sie in den einzigen Modus der Hoffnung. Wenn diese jedoch als Standhalten in der Hoffnungslosigkeit thematisiert werden muss, weil am Ende eines in seiner Weise einzigartig katastrophalen Jahrhunderts wahrscheinlich kaum noch anders die Hoffnung im biblischen Glauben angesetzt, gedacht und gelebt werden kann, dann muss damit gerechnet werden, dass sich weder die Zusicht der herrlichen Gestalt noch auch deren dialektischer Umschlag im lutherischen sub contrario als fundamentum inconcussum ästhetisch einstellen wird.*

Anders ist die logische Relevanz von Theorie und Praxis zu bestimmen. Denn selbst wenn sich in der wahrnehmbaren Wirklichkeit nichts mehr als der Anblick entsetzlichen Grauens gibt, muss der Widerstand als Hoffnung in der Theorie und als Theorie entfaltet, die keineswegs ihr Fundament im Gegebenen findet, und in einer aus dieser Hoffnung bestimmten Praxis geltend gemacht werden."

Auch hier scheint Karl Rahner – sehr einfühlsam gegenüber den Nöten seiner Zeitgenossinnen und Zeitgenossen – eine Antwort zu geben, dessen Bedeutung für die Glaubensverkündigung heute (und morgen!) schwerlich überschätzt werden kann. Wenn man nur in Anschlag bringt, dass diese Fragen ein großes existentielles Gewicht haben und die Antwortversuche sich „redlich" verantworten müssen. Es geht um nichts weniger als um die Frage, wann und wo die Rede von Gott überhaupt sinnvoll ist!

Ralf Miggelbrink[63] hat prägnant und umfassend zugleich beschrieben, wie die Frage nach Gottes Gerechtigkeit und Güte zusammengeht mit der Gotteserfahrung in heutiger Zeit: *„Der Gott, den jener Atheismus bestreitet, der das zerstörerische Leiden der Unschuldigen nicht zusammendenken will mit der Existenz eines allmächtigen Weltherrschers, entspricht nicht der Rahnerschen Gotteserfahrung. Rahners Gottesdenken setzt nicht bei einem metaphysischen Modell göttlicher Herrschaft ein, sondern bei der Erfahrung Gottes als des zum subjekthaften Handeln für Andere Aufrufenden und Befreienden.* Der Vollzug dieses gläubigen Subjektseins *ist* der einzige Ort, an dem theologische Rede sinnvoll ist: Nur in der Ordnung der Gnade, die angenommen und gelebt wird, *wo der Mensch sich in Nächsten- und Gottesliebe vollzieht,* gibt es ein Verstehen der Wahrheit Gottes *jenseits selbstgefälliger, weltbildhafter Sicherheit und jenseits der Verzweiflung."*[64]

Wichtig scheinen mir nach all dem für eine angemessene Beantwortung der Frage der Glaubensvermittlung insbesondere zu sein: Es gibt tatsächlich nur einen einzigen, uns Menschen gemäßen Modus[65], und das ist der „Modus der Hoffnung". Der kann von uns aus nicht übersprungen werden durch einen irgendwie gearteten „Modus der Gewissheit", wie es alle möglichen Spielarten des Positivismus und auch der Sprachphilosophie mitunter vorgeben. Wer vorgibt, zu wissen, dass es Gott nicht geben kann, und wer sagt, dass die Grenze unserer Sprache die Grenze alles Wirklichen ist, handelt nicht aus Einsicht. Er handelt aus (oft uneingestandener) Hybris! Natürlich ist (und bleibt) dieser „Modus der Hoffnung" eine Herausforderung – auch und besonders für den gläubigen Menschen.[66]

„Man kann freilich fragen, wie es denn um den Menschen stehe, wenn schließlich doch alles ‚bloß' auf Hoffnung gegründet sei und auch die Auferstehung Jesu letztlich ‚nur' auf jener Hoffnung gründe, in der wir auch für uns alles hoffen. Aber dann ist ganz nüchtern zu entgegnen, dass das Letzte im Menschen als einem und ganzem im Unterschied zum funktionalen Besorgen der einzelnen Lebensbedürfnisse eben in der einen Bewegung auf das eine unbegreifliche Ziel bestehe, das wir Gott nennen, in der Bewegung, die wir Hoffnung nennen. Sie trägt, sie gibt Realität, wenn und indem sie geschieht. Und außerhalb ihrer muss sie sich nicht rechtfertigen. Außerhalb ihrer ist nur die Verzweiflung. Man kann diese zwar verdrängen und nicht hochkommen zu lassen versuchen. Aber ohne die Hoffnung wäre sie, und ohne die frei angenommene Hoffnung ist sie. Und sie hat keine Rechtfertigung in sich, auch wenn es dem Menschen oft scheinen mag, sie sei leichter als die Hoffnung, weil man sich da nur fallen lassen müsse ... Die Hoffnung kann sich durch nichts endgültig begrenzen lassen, wenn sie ihr eigentliches Wesen nicht verleugnen will."[67]

Ralf Miggelbrink beschreibt in seiner „verdienstvollen Arbeit"[68] über Karl Rahner diesen Sachverhalt"[69] mit folgenden Worten: *„Als das absolute Geheimnis beantwortet Gott die menschliche Sinnfrage nicht in der Weise, dass er sich dem menschlichen Intellekt als Wissensbesitz anböte. Vor dem Geheimnis steht der Mensch als ganzer in der Einheit seiner Vermögen. Gott bietet sich der die menschlichen Vermögen integrierenden ekstatischen Liebe an. Dieser* (der ekstatischen Liebe, R. H.) *aber ist der Sinn kein Wissensbesitz, sondern Moment am Totalvollzug des Menschen auf Gott hin, den der Mensch in der intellektuellen Offenheit gegenüber jeglicher Wahrheit und in der liebenden Parteilichkeit für den anderen Menschen lebt. Rahners Geheimnislehre steht auf diese Weise sowohl gegen einen weltanschaulich-ideologisch habbaren Totalsinn als auch gegen die zur Doktrin* *erhobene Zurückweisung der Frage nach dem Totalsinn als mit den Mitteln der Vernunft nicht beantwortbar."*[70]

Karl Rahner macht genau hier eine *Tugend* aus, die unverzichtbar ist für die Glaubensvermittlung, die jedoch kaum mit einem einfachen und kurzen Begriff bzw. Namen hinreichend erfasst werden kann: *„Skeptischer Relativismus, der sich von einer Entscheidung dispensieren zu können meint, und ideologischer Fanatismus, der die Absolutheit der Freiheitsentscheidung von einer in Wirklichkeit nicht gegebenen Absolutheit der rationalen Überlegung beziehen will, sind die beiden falschen Konsequenzen ... Zwischen diesen beiden Extremen gibt es eine Mitte; sie ist eine Tugend und diese Tugend scheint mir namenlos zu sein. Diese Mitte, in der die vorausgehende Reflexion auf die Legitimität einer Entscheidung ernst genommen wird und in der dennoch von dieser Reflexion nicht mehr verlangt wird, als sie leisten kann, deren Problematik ehrlich eingestanden wird und die trotzdem nicht den Mut einer ruhigen und tapferen Entscheidung verhindert, markiert das richtige Selbstverständnis des Menschen, der weder der Gott einer schlechthinnigen und allseitigen Sicherheit und Klarheit ist noch das Wesen einer leeren Beliebigkeit, in der alles gleich richtig und gleich falsch ist, der Konturen hat, die zu respektieren sind, obwohl sie den Glanz des Göttlichen und Selbstverständlichen nicht haben ... Sie ist die Tugend, die die theoretische Rationalität ernst nimmt und die doch die Praxis nicht zu einem bloß sekundären Derivat der Theorie macht, sondern eine letzte Eigenständigkeit und Unableitbarkeit der Freiheit und der Praxis anerkennt. Sie ist die Tugend des tätigen Respekts vor der gegenseitigen Bezogenheit* und *gleichzeitigen Unzurückführbarkeit von Theorie und Praxis, von Erkenntnis und Freiheit. Sie ist die Tugend der Einheit und Verschiedenheit der beiden Größen, ohne die eine oder die andere zugunsten der andern zu opfern."*[71]

Wenn ich diesen Gedanken Karl Rahners auf mich wirken lasse, dann, denke ich, lässt sich Folgendes sagen: Menschen müssen sich in der Gottesfrage entscheiden. Ort der Entscheidung zur Gottesfrage ist die Entscheidung selber. Es gibt auch keine Sicherheit, die dem Menschen die Entscheidung abnimmt, sich zu sich selber zu verhalten. Damit ist immer auch die Entscheidung zu Sinn und Unsinn, zu Hoffnung und Resignation – letztlich zu Gott – verbunden. Sich vor der Entscheidung „zu drücken", bringt deshalb nichts, weil auch dies eine Entscheidung ist. Auch wenn wir nicht(s) sicher wissen (können), müssen wir handeln. Auch wenn der Grund unseres Handelns ‚nur' die – mitunter sogar vage – Hoffnung ist. Auch wenn wir nicht genau angeben können, worauf alle Fragen, Sehnsüchte, Hoffnungen zielen. Dabei sollten wir jedoch die Hoffnung nicht zu gering veranschlagen. Denn sie trägt die eigene Rechtfertigung in sich.

2.4. Die Einheit von Orthodoxie und Orthopraxie

Für eine nachhaltige Pastoralstrategie ist die Einheit von Theorie und Praxis stärker als bisher herauszustellen! Wir müssen uns fragen, ob in den kirchlichen Grundvollzügen – Liturgia, Martyria und Diakonia – dieses Kriterium immer und überall genügend zur Geltung gebracht wird. Wegweisend scheinen mir auch in diesem Zusammenhang die Ausführungen von Ralf Miggelbrink zur *„Einheit von praktischer und theoretischer Vernunft bei Karl Rahner"* zu sein. Ich kann nicht näher eingehen auf diese sehr komprimierten Erläuterungen, sondern hier lediglich auf sie verweisen.[72] Exemplarisch soll der nachfolgende Text darum aus dem o. g. Kapitel das Gemeinte illustrieren: *„Praxis ist die Mög-*

lichkeitsbedingung von Wahrheitserkenntnis ... Dieser Satz setzt nun allerdings voraus, dass es einen konkreten, praktischen Vollzug der Gottesliebe innerweltlich und damit phantasmatisch vermittelt gebe und dass so die Einheit von praktischer und theoretischer Vernunft kein innerweltlich irrelevantes eschatologisches Hoffnungsgut sei, dass – anders gesprochen – das Wesen der Seligkeit gebrochen und ‚angeldhaft' in diesem Leben vollzogen werden kann ... Wenn das gilt, dann gilt aber auch, dass das konkrete Erkennen in Welt immer schon durchwaltet ist von einer voluntativen Dimension, dass es ein gutes Erkennen aus der richtigen Grundentscheidung heraus gibt und ein böses Erkennen als die intellektuelle Seite des sündhaften Aufstandes gegen die Gnade Gottes."[73]

Vor mir liegt eines meiner theologischen Lieblingsbücher, ein altes Buch, es stammt von einem Priester, der in den 1970er Jahren mit über 90 Jahren verstorben ist – Karl Pfleger:[74] „Im Schatten des Kirchturms" aus dem Jahr 1935, das 1951 in vierter, unveränderter Auflage erschien und das von den Nazis, gleich nach dem Erscheinen der dritten Auflage 1935, beschlagnahmt und dessen Wiederherstellung und Verbreitung verboten wurde. Mir scheint, dass in diesem Buch, das schon „viele Jahre auf dem Buckel hat", wichtige Fragen von heute in ihrer Brisanz und Schwierigkeit erkannt, ja vorweggenommen wurden. Darum scheint es mir hilfreich zu sein, öfter wieder hineinzuschauen, um zu lesen und zu lernen! Denn immer wieder geht es um das eine, um das es eigentlich immer geht, wenn wir von *Mystagogie* sprechen:

- um das *Bezeugen* dessen, „*was kein Aug' gesehen und kein Ohr gehört, das aber Gott jenen bereitet hat, die ihn lieben*",
- um das ‚*Einweisen'* in das liebende, uns tragende Geheimnis, „*das alle meinen, wenn sie Gott sagen*",

- um das *Führen von Glaubensgesprächen* mit allen namentlichen und den vielen „anonymen" Christen,
- um den *Austausch von Glaubenserfahrungen*, die das Leben aller Menschen bestimmen, unabhängig davon, unter welchem Etikett sie geschehen.

Hören wir hierzu die Stimme Karl Pflegers aus dem Jahr 1935,[75] die an Eindringlichkeit auch heute kaum zu überbieten sein wird: „*Lass mich dir sagen, Freund, wie glücklich mich die Entdeckung macht, dass gerade der Christ es ist, der die Natur wahrhaft liebt und auch lieben darf und kann, ohne Gefahr für seine höchsten Werte – und nicht die alten und die neuen Heiden ... Chesterton hat darüber in seinem Franziskusbuch ein paar eindringende Seiten geschrieben. Und da mir sein Name in die Feder gekommen, so fällt mir ein, dass er überhaupt zu meinem Thema einige scharfsinnige und ... echt Chestertonsche Glossen gemacht hat. Höre nur: ‚Nur der über der Natur Stehende fand die rechte Fühlung zur Natur. Das Wesen des Evolutionismus wie der modernen kosmischen Religion ist in Wahrheit folgendes: dass die Natur unsere Mutter ist. Unglücklicherweise stellt sich die Natur, als Mutter betrachtet, als eine Stiefmutter heraus. Der Hauptgrundsatz des Christentums war, dass die Natur nicht unsere Mutter ist: die Natur ist unsere Schwester. Wir können stolz sein auf ihre Schönheit, da wir denselben Vater haben; aber sie hat keine Autorität über uns; wir haben zu bewundern, nicht nachzuahmen. Dies verleiht der christlichen Freude an irdischen Dingen einen seltsamen spielerischen Zug, der fast an Frivolität grenzt. Die Natur galt den Anbetern der Isis als eine ernste und feierliche Mutter ... Dem heiligen Franz von Assisi dünkte sie nicht feierlich. Ihm war die Natur eine Schwester, eine jüngere Schwester sogar, eine kleine tanzende Schwester, wert geliebt – und auch verlacht zu werden.'... Es ist nicht so tragisch, wenn der Bruder sich mit der*

Schwester zankt, wenn die Schwester manchmal launenhaft, böse, grausam ist, sie hat so viele gute Seiten, dass er sich mit ihr doch wieder aussöhnt, in den schlimmsten Fällen kann er an die höhere elterliche Instanz appellieren. Aber welchen Schmerz, welche Bitterkeit, welch bohrende, am warmen Menschenherzen fressende Enttäuschung, wenn jenes Wesen, durch das wir sinnlos leiden, für uns einziger und letzter Lebensursprung ‚für uns ‚die Mutter' ist."

Karl Pfleger greift in seinem Essay „O du, meine Erde" in einem fiktiven Dialog all jene Fragen auf, die auch heutigem Tun und Denken fast immer zugrunde liegen, jedoch kaum wirklich hinreichend gestellt und reflektiert werden. Denn was liegt Positivismus, Materialismus, Agnostizismus, Pragmatismus und Konsumismus eigentlich zugrunde? Fast immer doch ein angebliches Wissen darum, dass es einen Gott nicht geben kann, dass er eine Fiktion ist, mit der sich abzugeben nicht wirklich lohnt, und dass die Welt – so, wie sie eben ist – (endlich) akzeptiert, ausgehalten, bewundert und gefeiert wird. *„Ist nicht dieser ewige Sündenfall in der Geschichte der Philosophie, nicht nur im Gebiet des Erkennens, der Ausdruck dessen, was im Leben des unerlösten Menschen existentiell immer aufs neue geschieht: Gott nur das sein zu lassen, was die Welt ist, Gott zu machen nach dem Bilde des Menschen, Frömmigkeit zu fassen als Andacht zur Welt, die Möglichkeiten des Menschen nicht nach den Möglichkeiten Gottes zu bemessen, sondern nach dem, was der Mensch selbst von sich aus davon zu realisieren vermag? Aller Götzendienst ist nichts als der konkrete Ausdruck für die existentielle Haltung des Menschen, die aufbaut auf dem Entschluss, Gott nichts sein zu lassen als nur die ursprüngliche Einheit der Mächte, die diese Welt und die Schicksale des Menschen durchwalten. Und selbst die geistige Philosophie eines Hegel betet noch einen Götzen an, den absoluten Geist, der im Menschen und in seiner Wesensentfaltung sich selber findet. Und* *die tragisch-heroische Philosophie eines Heidegger hat auch ihren Götzen: Wenn der Mensch von sich allein aus nur zum Tode ist, dann muss für diese Philosophie eines letzten Ressentiments eben auch für alles und jedes der Tod das letzte sein: weil der Gott des Menschen für diese Philosophie nicht mehr sein darf als der Mensch selbst, betet sie den Tod als ihren Gott an, ist für sie das Höchste das Nichtigste; das Sein und das Nichts sind dasselbe."*[76]

Ein oft unbewusster Pantheismus hat sich – so scheint es zumindest – vieler Menschen bemächtigt, wenn sie denn überhaupt noch über das Funktionale hinausschauen und hinausdenken (wollen). Vielleicht muss man sogar fragen, ob viele Menschen es überhaupt (noch) können oder ob sie im Positivismus und Pragmatismus längst erstickt sind. Die Frage drängt sich auf, ob die Vision Rahners einer „Welt ohne Gott", in der das Ganze – und damit man selber und Gott – aus dem Blick geraten sind, zu einem großen Teil nicht längst Wirklichkeit geworden ist.

Genau darum ist *„Winter in Wien"* so wichtig! Es ist kein Buch von gestern, sondern von morgen und übermorgen. Als nachhaltige und wirksame Irritation sämtlicher Plausibilitäten, um erst einmal den Boden freizumachen, ihn zu bereiten für die Möglichkeit eines Dialoges jenseits des rein Funktionalen. Karl Rahner würde von der „Öffnung des Herzens"[77] sprechen. Das alles kann durch sämtliche Äußerungen des Menschen geschehen, durch Wort, Bild und Ton. Alle Arten bildender und darstellender Kunst sind dazu aufgerufen, Musik, Theater, Tanz. Das Leben ist – in allem Hohen, Tiefen und selbst in allen Alltäglichkeiten – nie etwas Selbstverständliches. Immer ist es unverfügbar, uns gegeben, geschenkt – mit all seinen vielfältigen Möglichkeiten. Und jedes Geschenk verweist auf einen Geber dieser Gaben.[78]

Es geht letztlich um jenen Begriff, der den vielleicht wichtigsten Aspekt im Glaubensgeschehen benennt, nämlich den des *Dialoges,* der eine nachhaltige „Pastoralstrategie" bestimmen sollte. Der „Glaube kommt vom Hören". Er ist ein zutiefst dialogisches Geschehen, wobei Gott im Akt seiner *Selbstmitteilung* sowohl den Akt des Hörens als auch den des Redens[79] trägt und gleichzeitig die tatsächliche Freiheit des Menschen als wirkliche konstituiert.[80]

Und darum brauchen wir heute

- mehr denn je eine „narrative Theologie", das *Weitererzählen der „Großtaten Gottes" und die ins Wort gebrachte Größe und Gefährdung des Menschen,* weil die Menschheit ohne Gottesbezug Gefahr läuft, zum bloßen „Stoffwechsel- und Energieaustauschaggregat" (Drewermann) zu verkommen. *Hierauf sollten wir uns in einer „charismenorientierten Pastoralstrategie" konzentrieren,* denn
- wir brauchen *Multiplikatoren* in jeder Gemeinde, in jeder Einrichtung kirchlichen Lebens, die hören können auf die Geschichte Gottes mit jedem einzelnen Menschen und die die Geschichte von Gott, von *seiner* Geschichte mit den Menschen, weitererzählen.
- Über die lebendigen Erfahrungen mit Gottes Geist im Hier und Heute braucht es *regelmäßigen Austausch innerhalb der Kirche,* es braucht *Verantwortliche,* die diese Aufgabe sehen und sich ihr widmen – in Gemeinden, Orten kirchlichen Lebens, kleinsten Zellen, wie Haus- und Familienkreisen etc.
- *Die Leiter der Gemeinden* dürfen dabei nicht „außen vor bleiben", sie müssen „eingebunden sein", aber sie müssen (und dürfen!) nicht das Geschehen beherrschen

(wollen), sondern sie sollten integrierend, begleitend, stützend und fördernd tätig sein!
- Wir dürfen nicht auf die Nutzung *neuer Medien* verzichten, aber wir dürfen ihnen auch nicht verfallen. Das heißt für mich auch: Es muss auch hier die *„Gabe der Unterscheidung"* geben. Wenn wir pastoraltheologisch meinen würden, wir müssten sämtliche Trends unbesehen mitmachen, um ‚anzukommen', werden wir eines ganz sicherlich: fast immer zu spät kommen. Der Weg der Nachfolge ist auch heute der Weg des Kreuzes. Ein Kreuzweg war, ist und wird nie eine Partymeile sein.
- Und wir dürfen *nicht den Schatz der Tradition preisgeben*.[81] Viele Glaubensschwestern und Glaubensbrüder vor uns haben mit und für uns gedacht, gelebt, gebetet, damit der Glaube heute und morgen seine Kraft erweisen kann.
- Wenn *Glauben und Leben untrennbar miteinander verbunden* sind, dann muss Glaube im Leben zu finden sein. Und dann gehört zum Alltag immer auch der Sonntag, d. h., der Glaube muss das Leben feiern. Allerdings muss auch hier klar sein: Wenn ich nicht (mehr) weiß, was gefeiert wird, wer der Einladende ist und wer die Gäste, dann verkommt die Glaubensfeier zur x-beliebigen Party.

III.
Vertiefung

An dieser Stelle scheint mir zweierlei geboten: ein Innehalten und Vergewissern und ein Vertiefen des Bisherigen. Die Theologie Karl Rahners, insbesondere seine Überlegungen zu den „anonymen Christen", waren und sind für mich die Leitlinie, nach der sich die Verkündigung im Hier und Jetzt ausrichten soll. Das wirft nochmals die Frage auf nach den grundlegenden Voraussetzungen seiner Theologie, besonders die der „anonymen Christen". Für die kirchliche Verkündigung scheint mir überaus wichtig zu sein, anzuerkennen, dass wirklich jeder Mensch durch die universale Gnade, also durch die allgemein wirksame, personale Zuwendung Gottes, bestimmt ist. Theologisch spricht man vom allgemeinen wirksamen Heilswillen Gottes. Gott bietet sich jedem Menschen an, mit ihm eine Geschichte einzugehen. Dabei ist dieses ‚Angebot' Gottes nicht abstrakt gegeben oder in Form reiner Innerlichkeit. Nein, es ist als Angebot Gottes immer konkret und geschichtlich vermittelt. Maßgebend dabei – so sagt es uns unser Glaube – ist Jesus Christus. Die ‚Struktur' des Gott-Menschen Jesus lässt uns die Zuwendung Gottes, die allen gilt, sehen und erfahren. Und zwar nicht gebrochen, fragil, anfanghaft wie bei uns. In Jesus ist die Zuwendung Gottes geschichtlich konkret erschienen als unüberbietbare, nicht mehr rückgängig zu machende Erfüllung menschlicher Sehnsucht und Hoffnung. Von Jesus her wissen wir um Gottes Liebe, Güte und Barmherzigkeit, die sich im Christusereignis eine endgültige ‚Norm' gegeben hat.[82]

Wir müssen uns die Frage der Vermittlung des Glaubens neu stellen und an einer „Überbrückung" zwischen Verkündigungs-Aussage und Leben arbeiten. Eine reine „Schau der Gestalt Christi" allein, von der von Balthasar spricht, kann diese Vermittlung nicht leisten.[83]

Zum theologisch verantwortlichen Umgang mit diesem gesamten Fragekomplex gibt es wichtige Aussagen in der Festschrift zu von Balthasars 100. Geburtstag.[84] Magnus Striet geht in seinem Beitrag auf die Frage der „objektiven Evidenz" bei von Balthasar in seinem Beitrag explizit ein:[85]
„Es wurde bereits die These vertreten, dass Balthasars gesamte Theologie sich als Theodizee des Schöpfergottes lesen lässt ..." (73).

„Vermag Balthasars Theodizee des Schöpfergottes durch dessen Einlassung in das Drama der Schöpfung selbst gegen diese vernichtende Logik der Güte Gottes noch Einspruch zu erheben? Immerhin hat Balthasar sich ja gerade von diesem Grundsatz leiten lassen: dass nur Liebe glaubhaft ist und Gott gerade deshalb glaubhaft ist, weil er sein liebendes Wesen bis ins Äußerste hinein ausgesagt, erwiesen hat.

Es irritiert, dass diese Botschaft immer weniger Gehör findet ... So auch Hans Blumenberg. Der für theologische Fragen wie kaum ein anderer Philosoph des 20. Jahrhunderts extrem sensible Blumenberg ist deshalb hier so interessant, weil er in seiner Phänomenologie der Jesusgestalt zu einem ganz anderen Urteil kommt als Balthasar. Ist im Schauen einer Gestalt überhaupt etwas definitiv zu sehen? Und – extremer noch – kann oder muss gar im Zerbrechen eines konkreten Menschen wahrgenommen werden, dass hier die Herrlichkeit Gottes aufscheint?" (75).

„Blumenbergs Rekonstruktion irritiert Balthasars Begriff der objektiven Evidenz. Offensichtlich zwingt die Gestalt des Lebenszeugnisses Jesu keineswegs dazu, hier die definitive Selbstoffenbarung Gottes zu sehen ... Resümiert man vor diesem Hintergrund, dann scheint Vorsicht geboten zu sein, den Versuch

Balthasars, vor allem im Rückgang auf das Schauen der Gestalt des Lebenszeugnisses Jesu die objektive Evidenz der Barmherzigkeit Gottes erweisen zu wollen, einfach zu übernehmen. Die im Zuge der Neuzeit immer stärker aufbrechenden fundamentaltheologischen Probleme werden hier zu schnell durch den Verweis auf die Sünde verdeckt" (80).

Mir scheint, dass das wesentliche Anliegen Balthasars in weiterführender Weise aufgenommen worden ist in der Herz-Jesu-Theologie Karl Rahners, die für eine moderne Glaubensverkündigung und Glaubensvermittlung den Weg weisen kann, auch wenn derzeit im liturgischen Bereich für diese Form der Verehrung wenig, ja zu wenig Raum zu sein scheint.

Dazu zunächst eine theologisch-terminologische ‚Feinabstimmung': *„Das Herz Jesu ist für Rahner zuallerletzt die Wirklichkeit, die man in ein rein transzendentales und ein bloß kategoriales Moment zerfällen könnte; das wäre für die Herz-Jesu-Verehrung ‚tödlich' (vgl. IV, 311). Einen Zugang zur Liebe Gottes, das dürfen wir als Grundüberzeugung Rahners ansehen, gibt es nur durch das leibliche, durchbohrte Herz Jesu; denn ‚Wirklichkeit und ihre Erscheinung im Fleisch sind eben im Christentum unvermischt und untrennbar für immer eins' (IV 311). Dieses Herz ist die endgültige und unwiderrufliche Versöhnung der transzendentalen und geschichtlichen Dimension des Menschen (vgl. XIII, 169). Es ist der ‚Ineinsfall von Selbstverständlichkeit und Unableitbarkeit, von notwendiger Erfüllung des menschlichen Wesens und doch freier, geschichtlicher ‚Zufälligkeit'; es ist das, was den Menschen zuinnerst prägt und was ihm gleichwohl nur ‚von außen' zukommt. Es kann so nur als ‚universale concretum' begriffen werden, ‚d. h. als konkrete Verwirklichung dessen, woraufhin alle Wirklichkeit strebt'. Beides gilt: Was Liebe ist, ‚muss immer schon verstanden sein …, wenn man anfangen will, von (ihr) zu reden und sie sich und anderen nahezubringen'*

(VII, 499) – und: ‚Nur wenn wir den Blick auf das Herz Christi richten, wissen wir (…), was Liebe ist' (VII, 500)."[86]

In seiner großen Studie „*Die Herzenswunde Gottes*"[87] – *Die Theologie des durchbohrten Herzens Jesu als Zugang zu einer spirituellen Theodizeefrage* – geht Wolfgang Schneider der gewichtigen Frage nach, ob es sich nicht tatsächlich um eine Überforderung des Menschen handelt, wenn er sich immer wieder auf die Unbegreiflichkeit Gottes verwiesen erfährt. *„Wird der Mensch nicht überfordert, wenn er sich der Unbegreiflichkeit Gottes überlassen soll? … Nur wenn zur bleibenden Unbegreiflichkeit Gottes sein eigener Entschluss, in der Menschwerdung des Logos geschichtlich greifbar zu werden, hinzugesagt wird, entgeht der Glaubende der Überforderung … In der Liebe zu Jesus Christus, im Aufschauen zu seinem durchbohrten Herzen, können wir mit ihm und in ihm an die Unbegreiflichkeit Gottes rühren …"*[88]

Am Ende dieser Überlegungen wird ein zusammenfassendes Gebet Karl Rahners stehen. In diesem Gebet kann deutlich werden, wozu die „Schau der Gestalt" tatsächlich helfen kann, nämlich zu erkennen, dass all unser Tun keine Selbsttäuschung ist. Sie wird es umso weniger sein, je mehr wir selber diese Hingabe praktizieren. Denn: *„Wie aber sollte ein … nicht zu sich selbst gekommenes Christentum … etwas anderes sein können, als ein angelerntes System, dessen blasse Ideologie in der nüchtern-brutalen Wirklichkeit des Alltags verdunstet."*[89] Das gesamte Unterkapitel der Studie „Die Herzenswunde Gottes" von Wolfgang Schneider, in dem es um *„Konturen einer Frömmigkeit für heute"* geht, endet eben nicht zufällig in einem Gebet Karl Rahners. Es ist typisch für den *Theologen* Rahner, dass er im selben Maße auch ein *Beter* ist, einer, der all seine existentiellen Fragen, Hoffnungen, Nöte und Sehnsüchte Gott gegenüber ausspricht, ja sich selber *ihm* „überantwortet":

"Gott, ewiges Geheimnis, Unermesslichkeit ohne Namen, seliger Abgrund, der alles birgt, von keinem umfasst, Du hast Dein ewiges Wort selbst in Deine Schöpfung und in unser Dasein ausgesagt, damit Dein ewiges Geheimnis die unsagbare bergende Nähe für uns und die Mitte der Welt selbst werde! Wir schauen auf dieses Dein ausgesagtes Wort, wir schauen auf den, der das Herz der Welt ist, wir blicken auf das Herz des Sohnes, das wir durchbohrt haben. Alle Unbegreiflichkeit, die wir und unser Dasein sind, birgt sich in diesem Herzen, alle Angst des Daseins bleibt von ihm gefasst, alles Hohe und Heilige wandert zurück zu diesem seinem Ursprung. Alles findet dort sein wahres Wesen und erkennt sich als Liebe. Alles geht ein in das Geheimnis, das selige Liebe ist" („Gebete des Lebens", 19–25; 47–53, 82–88 u. ö.).[90]

Karl Pfleger hielt sich in seinem Glaubensgespräch gewissermaßen am Zeugnis von Gilbert Keith Chesterton fest. Darum glaube ich: Wenn Glaube im Hier und Heute *„nicht verdunsten soll wie Nebel in der Morgensonne, so dass nicht einmal eine Leerstelle bleibt, die anzeigt, dass hier einmal etwas gewesen ist"* (Karl Rahner), dann wird der Glaube

- immer ein *kirchlicher Glaube* sein. Das bedeutet auch, dass er
- ein Glaube ist, der *Gemeinschaft* sucht und stiftet, dass er
- ein Glaube ist, der eine Gemeinschaft von *Zeugen der Hoffnung und der Liebe* ist.
- Er wird ein Glaube sein, der Glaubenszeugen befähigt, ermutigt und aus der Kraft dieses Glaubens zu Taten der Hoffnung und Liebe ermächtigt.
- Und es wird ein Glaube sein, der darauf angewiesen ist (und bleibt), dass *Glaubenserfahrungen weitergegeben werden,* in der die Geschichte und die Geschichten des Glaubens (weiter)erzählt werden in Gebeten, Liedern, Tänzen, in Erzählungen, Dramen und vielen anderen literarischen Formen.

Darum kann solch ein Glaube nie langweilig werden. Ich persönlich kann auch hier wieder nur bezeugen, wie wichtig für mich insbesondere die Gebete und Meditationen Karl Rahners geworden sind. Wie sehr diese Glaubenszeugnisse uns auch heute nicht nur viel sagen können, sondern uns einladen, ermutigen, im Gespräch, im Dialog den eigenen Glauben selbst für sich und für andere zu artikulieren.

Der „Hörer des Wortes"[91] bedarf wesentlich etwas, das über menschliches Können, Wollen und Wissen hinausgeht. Karl Rahner würde vom „absoluten Zusagewort Gottes" sprechen, von Gottes unverbrüchlicher Liebe, die uns in Christus, in Leben, Tod und Auferstehung des Mannes aus Nazareth irreversibel zugesagt worden ist. Darum muss am Ende aller Überlegungen – nicht das Reden, sondern das *Beten* stehen. Das ist für mich auch *das entscheidende Kriterium* dafür, ob ein Erneuerungsprozess unserer Kirche tatsächlich ein *geistlicher Prozess* ist oder ein Prozess, der uns viel und Gott nichts oder nur wenig zutraut.

- Wird es uns gelingen, dass wir alle unsere Überlegungen vor Gott ins *Gebet* bringen?
- Werden oder sind wir eine *Gebetsgemeinschaft*, die immer mehr davon lebt, dass wir das Unsere tun im Vertrauen darauf, dass Gott dann auch das Seine hinzutut?
- Wird sich all unser Denken und Reden aufheben in ein Gebet, das sich traut, *Gott wirklich anzusprechen*?

Vieles, wenn nicht alles wird in den kirchlichen Erneuerungsbemühungen davon abhängen, ob wir wirklich Beter sind![92]

IV.
„Die Armut der Sprache zurückgewinnen ..."[93]

Abgeschlossen werden sollen darum diese Überlegungen im letzten Teil durch Texte und Meditationen, die *Glaubenshilfe und Glaubensermutigung in einem* sind. Sie werden von mir durchgehend eingeleitet und kommentiert.

Karl Rahner soll gewissermaßen als ‚Lesehilfe' vorangestellt werden, denn ich glaube, dass eines immer deutlicher wird: Den vielen theologischen Aussagen heute – nicht nur von Eugen Drewermann, aber bei ihm fällt mir dies besonders auf – zu Glauben und zur Glaubensvermittlung wird man nur gerecht, wenn man sie theologisch interpretiert in jener Art und Weise, um die Karl Rahner sein Leben lang gleichermaßen gerungen und geworben hat. Darum kann diese Schlussbetrachtung auch zu einem Großteil verstanden werden als der (so wichtige!) *Versuch eines ‚Gespräches' zwischen Karl Rahner und Eugen Drewermann*. Und dabei sei nochmals eigens betont: Es sind die Glaubensimpulse, die Begründungen von Drewermann, die gerade heute hilfreich sein können. Sie stehen in krassem Widerspruch zu Pauschalurteilen über Kirche und ‚Theologen', die ich nur mit Trauer und Ratlosigkeit zur Kenntnis nehme.

1. Kirchlichkeit des Glaubens

Beginnen möchte ich daher dieses ‚Gespräch' auch mit der Frage nach der *Kirchlichkeit unseres Glaubens*. Wir sind in unserer Sprache heute ärmer geworden, anspruchsloser gegenüber vergangenen Jahren und Jahrzehnten. Aussagen des Jubels, gar des Triumphes kommen uns – wenn überhaupt – nur sehr selten noch über die Lippen. In meiner Jugendzeit war es durchaus noch anders. In der Pfarrbücherei meiner Heimatpfarrei las ich in meiner Jugendzeit das Buch mit dem vielsagenden Titel: „Der Glaube der Millionen"[94]. Es ist ein ‚Wälzer' von über 700 Seiten, in dem sein Autor mit großem argumentativem Aufwand versucht, die römisch-katholische Kirche als die „wahre Kirche Christi" zu erweisen.

Wie sehr sich die Zeiten seither verändert haben, mag nachfolgender Abschnitt aus diesem Buch belegen: „*Obgleich selbst kein Katholik, fühlte sich der Geschichtsschreiber Macaulay durch die Tatsachen veranlasst, der Kirche wegen dieses Widerstandes gegen die Gesetze des Verfalls, die allen großen Einrichtungen der Vergangenheit das Requiem gesungen haben, folgende Anerkennung zu zollen: ‚Es gibt und gab nie auf Erden ein Werk menschlicher Klugheit, mit dem eingehend sich zu befassen so lohnend ist, wie die Katholische Kirche. Die Geschichte dieser Kirche verbindet die beiden großen Zeitabschnitte der menschlichen Zivilisation miteinander. Keine andere Einrichtung ist vorhanden, die uns bis in jene Zeiten zurückführt, da der Opferrauch vom Pantheon aufstieg und man Giraffen und Tiger im Flavischen Amphitheater sah. Verglichen mit der Ahnenreihe des Pontifex Maximus, sind die stolzesten Königshäuser nur von gestern. Wir können diese Linie in ununterbrochener Folge bis zum Papst, der Pipin im 8. Jahrhundert krönte, zurückverfolgen. Und weit über die Zeit Pipins zurück reicht die erhabene Dynastie ... Die katholische Kirche ... sah den Anfang aller Reiche und aller kirchlichen Einrichtungen, die jetzt in der Welt vorhanden sind; und wir sind durchaus nicht sicher, dass es nicht auch ihre Bestimmung ist, ihrer aller Ende zu sehen. Sie war groß und angesehen, bevor die Sachsen auf britischem Boden Fuß fassten, bevor die Franken den Rhein überschritten, als griechische Beredsamkeit noch in Antiochia blühte und in Mekka noch Götzenbilder verehrt wurden. Und sie mag in unverminderter Kraft noch weiterbestehen, wenn vielleicht einmal irgendein Neuseeländer auf Reisen sich inmitten einer weiten Einsamkeit auf einen zerbrochenen Bogen der London Bridge stellt, um eine Skizze von den Ruinen der St. Pauls Kathedrale zu machen."*[95]

Dieses Pathos ist uns fremd, ja es wirkt künstlich, überheblich. Wir haben zu dieser Art von ‚Jubelgesang' wenig oder keinen Zugang (mehr). Heute steht die Kirche allenthalben in Frage: Hält sie es nicht viel zu sehr mit den Mächtigen der Welt? Die „Option für die Armen" – was hat sie bewirkt, wem hat sie geholfen? Und die Missbrauchsvorwürfe, die Klage und Anklage über die so oft beklagte Unterdrückung der Frau in der Kirche?! All das bringt die Kirche eher auf die ‚Anklagebank der Geschichte', als dass sie als Hilfe und Orientierung erfahren wird. Viele wenden sich aus diesen und ähnlichen Gründen von ihr – oftmals lautlos – ab.

Doch das Schlimmste ist damit noch nicht benannt. Viel gravierender ist heute – zumindest in dem Teil Europas, in dem wir leben – ein weitgehender, oft ein totaler Ausfall der Gottesfrage. Damit ist der Botschaft der Kirche der Boden entzogen. Wo keine Frage mehr ist, bedarf es auch keiner Antwort mehr. Die Kirche wird heute weniger als überholte ‚Moralanstalt' bekämpft, als dass sie ignoriert wird. Sie kommt im alltäglichen Leben kaum noch vor, sie ist für das praktische Leben ziemlich irrelevant geworden und wird allenfalls noch ‚benötigt' für den feierlichen Rahmen bei Familienfesten oder als Sprache der Trauer, wenn andere Formen versagen oder nicht zur Verfügung stehen. Hinzu kommt, dass ihre Formen und Zeremonien zunehmend unverständlich wirken; jüngere Menschen fühlen sich oft kaum (noch) angesprochen oder mitgenommen. Aber auf sie kommt es an, wenn der Glaube an die nächsten Generationen weitergegeben werden soll. Die Sprache der Kirche wirkt häufig (nur noch) antiquiert, überholt, nichtssagend, bedeutungslos.

Da stellen sich existentielle Fragen: Wo soll man beginnen? Wo sind ‚Anknüpfungspunkte'? Wie konnte es zu diesem Rückgang, zu diesem Ausfall der Gottesfrage und der „Fühlung mit der Kirche" kommen?

Am Ende seines Lebens hat sich Karl Rahner in einem aufsehenerregenden Vortrag Rechenschaft gegeben, indem er sich Gedanken gemacht hat zu den *Erfahrungen eines katholischen Theologen*. Er geht in seinem Vortrag der Frage nach, welche theologischen Erfahrungen er in seinem Leben gemacht hat, wie sie ihn prägten und was aus ihnen zu lernen ist. Theologische Erfahrungen, die er für sein Leben und für das Leben in und mit der Kirche nicht nur für wichtig, sondern für unentbehrlich hielt.[96] Rahner nennt als erste Erfahrung die der *Analogie aller theologischen Aussagen*, ja er spricht von der *Analogie als menschlicher Grunderfahrung*: *„Die erste Erfahrung, von der ich sprechen will, ist die Erfahrung, dass alle theologischen Aussagen ... analoge Aussagen sind ... Wir reden von Gott, von seiner Existenz, von seiner Persönlichkeit, von drei Personen in Gott, von seiner Freiheit, seinem uns verpflichtenden Willen usf., wir müssen dies selbstverständlich, wir können nicht bloß von Gott schweigen, weil man dies nur kann, wirklich kann, wenn man zuerst geredet hat. Aber bei diesem Reden vergessen wir dann meistens, dass eine solche Zusage immer nur dann einigermaßen legitim von Gott aus-*

gesagt werden kann, wenn wir sie gleichzeitig auch immer wieder zurücknehmen, die unheimliche Schwebe zwischen Ja und Nein als den wahren und einzigen festen Punkt unseres Erkennens aushalten und so unsere Aussagen immer auch hineinfallen lassen in die schweigende Unbegreiflichkeit Gottes selber, wenn auch unsere theoretischen Aussagen noch einmal mit uns selber zusammen unser existentielles Schicksal teilen einer liebend vertrauenden Hingabe unserer selbst an die undurchschaute Verfügung Gottes, an sein Gnadengericht, an heilige Unbegreiflichkeit … In der Theologie sagt man vieles und dann hört man auf und meint gegen seine eigenen Grundüberzeugungen, dass man jetzt wirklich am Ende sei und aufhören könne, dass die paar Aussagen, die man gemacht hat, die allen metaphysischen und existentiell radikalen Durst stillenden Aussagen seien und nicht (wie es in Wahrheit ist) die Aufforderung, zu merken, dass man mit all diesen Aussagen letztlich nur in jene antwortlose Aporie geraten solle, die nach Paulus 2 Kor 4,8 die Existenz des Menschen ausmacht. Ich möchte hier und kann hier nicht über die Unbegreiflichkeit Gottes und damit der wahren Sache der Theologie ausführlicher reden, ich möchte nur die Erfahrung bezeugen, dass der Theologe erst dort wirklich einer ist, wo er nicht beruhigt meint, klar und durchsichtig zu reden, sondern die analoge Schwebe zwischen Ja und Nein über dem Abgrund der Unbegreiflichkeit Gottes erschreckt und selig zugleich erfährt und bezeugt … Wir halten uns zu sehr in der Rede über die Sache auf und vergessen bei all dieser Rede die beredete Sache selber."[97]

Ohne den prägenden Hinweis Rahners auf die Analogie[98] – nicht nur aller theologischen Erkenntnis und Rede, sondern auch des menschlichen Existenzvollzuges[99] – hätte ich mich mit dem Buch „Wendepunkte" von Drewermann wohl nicht nur schwergetan. Ich hätte entweder keinen richtigen Zugang gefunden oder wäre sehr verunsichert zurückgeblieben bezüglich der Frage, was denn nun im Glauben gilt und was nicht. Kein geringerer Anspruch wird nämlich in ihm erhoben als der, die gesamte kirchliche Dogmatik gewissermaßen grundlegend neu zu justieren. Dazu bietet Drewermann ein einprägsames Bild als Vergleich an: *„Das Christentum der Lehramtsdogmen ist wie ein Teleskop, das all die Zeit falsch herum gehalten wurde: statt von der Erde her damit die Sterne zu betrachten, nahm man das Objektiv als Okular und wähnte sich damit an Gottes statt. Man sah die Erde von den Sternen aus. Man sah nicht Gott, man sah nur alle Menschen – ins Winzige verkleinert."*[100]

Bei Drewermann sind etliche Aussagen zum Glauben zu finden, die sich gerade *nicht gegen den Inhalt kirchlicher Dogmatik* richten. Allerdings betont er sehr, dass das, was Kirche und Christentum zu sagen haben, eine andere Struktur aufweisen müsse: *„Wenn es so, wie gesagt, nicht sein kann, dann muss es anders sein – das stimmt! Doch dieses ‚anders' muss sich nicht ergeben aus dem Widerspruch zum Christlichen; weit näher liegt es, was das Christentum zu sagen hat, vom anderen Ende aufzunehmen."*[101]

Und bei aller Kritik an der Kirche in seinem Buch „Wendepunkte"[102] kann man Aussagen zur Kirche finden, die von einer sprachlichen Schönheit und Eleganz, von liebendem Wohlwollen und tiefer Sehnsucht nach einer anderen ‚Gestalt' von Kirche geprägt sind, die atemberaubend sind. Dazu gehört u. a. auch jener Text, den ich als ‚Liebeserklärung' an die Kirche Jesu Christi' überschreiben würde: *„Dann verbleibt eine nie endende und tief empfundene Dankbarkeit zu jener ‚unsichtbaren' Kirche, die besteht aus all den vielen, die in ihrem Leben und mit ihrem Leben standen und einstanden für ihren Glauben an die Botschaft Jesu, ein Reich Gottes sei möglich inmitten dieser Welt. Durch ihren Einsatz, ihre Unbeirrbarkeit, durch ihren Mut und ihre Treue ging Jesu*

Zeugnis weiter, und jeder, der es auf sich nimmt, erkennt in ihnen seine wahren Brüder, seine wahren Schwestern wieder. Es gibt sie doch, jene Gemeinschaft ‚aller Heiligen', der wir in aller Unvollkommenheit, doch voller Sehnsucht bewundernd und bestärkt entgegenwandern, von ihr getragen und verlockt in dem Gebet, das Jesus seine Jünger lehrte: ‚Unser Vater, himmlischer du, was du bist, das gelte, was du wirkst, das komme, was du willst, geschehe, wie im Himmel, so auf Erden' (Mt 6,9.10)"[103]

Und fast am Ende dieses Buches zitiert Drewermann das seiner Meinung nach „vielleicht schönste Gebet der Christenheit", das wohl um 1200 entstanden ist und Stephan Langton zugeschrieben wird:[104]

*„Komm, o Geist der Heiligkeit,
aus des Himmels Herrlichkeit
sende Deines Lichtes Strahl.*

*Vater aller Armen Du,
aller Herzen Licht und Ruh,
komm mit Deiner Gaben Zahl!*

*Tröster in Verlassenheit,
Labsal, voll der Lieblichkeit,
komm, Du süßer Seelenfreund!*

*In Ermüdung schenke Ruh,
in der Glut hauch Kühlung zu,
tröste den, der trostlos weint.*

*O Du Licht der Seligkeit,
mach Dir unser Herz bereit,
dring in unsre Seelen ein!*

Ohne Dein lebendig Wehn
nichts im Menschen kann bestehn,
nichts ohn Fehl und Tadel sein.

Wasche, was beflecket ist,
heile, was verwundet ist,
tränke, was da dürre steht!

Beuge, was verhärtet ist,
wärme, was erkaltet ist,
lenke, was da irre geht.

Heilger Geist, wir bitten Dich,
gib uns allen gnädiglich
Deiner Gaben Siebenzahl!

Spende uns der Tugend Lohn,
Lass uns stehn an Deinem Thron,
uns erfreun im Himmelssaal!
Amen. Halleluja."

Für die Verkündigung heute hält Drewermann es für unverzichtbar, dass *„als erstes im Reden von Gott die Armut der Sprache zurück(zu)gewinnen"* sei. Ich glaube, dem würde Karl Rahner zustimmen, zumindest insoweit, als er auf die Begrenztheit des Erkennens, Wissens und Aussagens insistieren würde. Der ‚Glaubensgegenstand' ist ja das unendlich-liebende, personale Du, der, „den wir Gott nennen", der auch in seiner Liebe zu uns immer auch der unbegreifliche, nicht zu durchschauende Gott ist. Diesem unbegreiflichen, liebenden, absoluten Geheimnis gegenüber kann es von unserer Seite – bei aller Anerkennung und Legitimation von Theologie und Wissen – nur um die ‚Aufhebung' des Wissens in ein Vertrauen gehen, das die Annahme dieses Geheimnisses bedeutet. Wo sich Erkenntnis nicht in Anbetung und Liebe ‚aufhebt', verkürzt der Mensch die ihm von Gott geschenkte Dimension des Unendlichen, weil er – letztlich – bei sich verbleibt.

Dass dies alles nicht im Gegensatz zum dogmatischen Bekenntnisglauben der Kirchen erfolgen muss, sondern eher als dessen Ergänzung bzw. Pointierung zu verstehen ist, scheint auch bei Drewermann nicht ausgeschlossen, denn er lässt sein Buch, das den Untertitel trägt *„Was eigentlich besagt das Christentum?"*, enden mit dem „Credo" der Weltversammlung der Christen aus dem Jahre 1990 in Seoul:[105]

„Ich glaube an Gott, der die Liebe ist
und der die Erde allen Menschen geschenkt hat.
Ich glaube nicht an das Recht des Stärkeren,
an die Stärke der Waffen,
an die Macht der Unterdrückung.

Ich glaube an Jesus Christus,
der gekommen ist, uns zu heilen, und der uns
aus allen tödlichen Abhängigkeiten befreit.
Ich glaube nicht, dass Kriege unvermeidlich sind,
dass Friede unerreichbar ist.

Ich glaube an die Gemeinschaft der Heiligen,
die Kirche, die berufen ist,
im Dienst aller Menschen zu stehen.
Ich glaube nicht, dass Leiden umsonst sein muss,
dass Gott die Zerstörung der Erde gewollt hat.

*Ich glaube, dass Gott für die Welt eine Ordnung will,
die auf Gerechtigkeit und Liebe gründet,
und dass alle Männer und Frauen
gleichberechtigte Menschen sind.*

*Ich glaube an Gottes Verheißung
eines neuen Himmels und einer neuen Erde,
wo Gerechtigkeit und Frieden sich küssen* (sc. Ps 85,11, R. H.),
*an die Liebe mit offenen Händen,
an den Frieden auf Erden* (sc. Lk 2,14; R. H.). *Amen."*

Hier ist auch der Ort, auf ein weiteres Glaubensbekenntnis Drewermanns aufmerksam zu machen. Auf eines, das ausgezeichnet dazu geeignet ist, eine „Öffnung des Herzens"[106] zu bewirken in einer Welt, die Gefahr läuft, elementare Erfahrungen in der Kindheitsentwicklung zu übersehen oder sie zu verdrängen. Wenn beispielsweise allzu früh im Kindesalter damit begonnen wird, Kindern gezielte Förderungen anzubieten, damit aus dem Kind „einmal etwas wird". Wenn nicht gesehen wird, dass Annahme, Geborgenheit, Zuwendung *die* elementaren und besten ‚Förderkonditionen' sind: „*Allein aus der Liebe lebt der Mensch, und alle Sakramente und Gebete, alle Riten und Formeln der Kirche hatten und haben nur den Sinn, dich des Vertrauens zu versichern, dass diese Liebe dich niemals verlassen werde. Diese Liebe bestraft niemals, noch richtet sie uns, sie lenkt nicht, noch greift sie ein, sie ist einfach da, wie die Sonne, welche mit ihren Strahlen die Blumen des Feldes wärmt und ernährt. – Die einzelne Blume mag welken, doch die Sonne hört nie auf zu scheinen, und auch die Blume hört niemals auf, eine Tochter des Lichtes zu sein. Alle dunklen Stunden sind nur zu durchleben als eine tiefere Vorbereitung zum Licht ... Viele Eltern gibt es heute, die schon lange ihre Kinder keine Gebete zum Einschlafen mehr lehren; sie sitzen des Abends an ihrem Bett, erzählen ihnen noch eine kleine Geschichte, streicheln ihnen über den Kopf und flüstern ihnen ins Ohr: „Hab keine Angst; ich bin bei dir." Sie denken nicht daran, dieses Streicheln wie ein verstohlenes Segnen und ihre Gute-Nacht-Geschichte wie ein Gebet und ihre Worte zum Abschied wie ein Bekenntnis zu Gott zu verstehen; und doch handelt es sich genau darum. Kein Vater, keine Mutter kann das Versprechen wirklich erfüllen: „Ich bleibe bei dir" – noch heute Nacht kann der Tod sie ereilen. Alles, was wir aus Liebe einander versprechen und woran wir in Liebe zueinander glauben, ist unendlich viel mehr als das, was wir wirklich zu halten vermögen. Und gerade dieses unendliche Viel-Mehr der Liebe nennen wir Gott. Er ist erfahrbar in jedem, der liebt; doch damit die Liebe nicht scheitert, glauben wir, dass er vor allem auch dort ist und sein muss, wohin wir einander trotz all unserer Liebe doch nicht begleiten können. Die Kraft, die dort ist, wo wir zu schwach sind zu sein, die ist uns Gott."*[107]

Drewermann überschreibt ein längeres Interview, in dem er einen Lebensrückblick wagt, mit dem Titel: „*Wir glauben, weil wir lieben*". Immer wieder kommt er in seiner Glaubensbegründung darauf zurück: Nur weil wir lieben, existieren wir als menschliche Personen. Wir brauchen Liebe, Vertrauen, Annahme, Geborgenheit. Wo diese Vollzüge nicht (mehr) existieren bzw. nicht praktiziert werden, ist es um den Menschen tatsächlich geschehen. „*Liebe ist kein leerer Wahn, keine bloße Einbildung, sondern im Gegenteil: die Mitteilung der stärksten Kraft, der ein Mensch sich selber verdankt und die ihn zum Menschsein bestimmt. Denn stets, so sahen wir, muss ein Mensch sich geliebt fühlen, um selber lieben zu können; stets muss er ein Du voraussetzen, um sich selber als ein Ich zu finden, das wieder zum Du eines anderen wird. Und dieses Du ‚hinter' allem und in allem, das macht, dass wir als Menschen ‚menschlich' sein können, das nennen wir … Gott.*

An Gott glauben, das heißt: an die Liebe glauben. Es ist aber schon deutlich, dass wir damit nicht einfach an uns selber glauben oder einen projektiv veräußerlichten Teil unserer selbst anbeten – so gerade nicht; wir glauben vielmehr inmitten aller Zerbrechlichkeit, Armut und Fragwürdigkeit daran, trotz allem aller Liebe wert zu sein und – zumindest grundsätzlich – alle Lebewesen neben uns in diesen Kreis der Liebe hineinholen zu können und zu sollen.[108]

Es sind gerade die umfassenden und tiefen anthropologischen Wahrnehmungen und Analysen Drewermanns, die den christlichen Glauben in einer Tiefe begründen, die geeignet ist, in den vielfältigen und umfassenden Fragen des Lebens festen Halt und Stand zu geben. Dabei muss festgehalten werden: *Es ist der Glaube der Kirche, so, wie er übermittelt wurde über die Jahrhunderte. Ohne die Institution Kirche wäre unser Glaube, einschließlich der Botschaft des Mannes aus Nazareth, im „Flugsand"*[109] *der Geschichte untergegangen wie so vieles andere.*

Mir wird an dieser Stelle immer deutlicher, dass es Drewermann in seiner Kritik an der Kirche nicht um die Bestreitung ihres Existenzrechtes oder ihrer Legitimation geht. Ist es nicht ähnlich wie bei Karl Rahner, dass hier die Gestalt der Kirche schmerzhaft wahrgenommen wird als unglaubwürdig, als wenig hilfreich? Kommt auch Drewermanns Kritik – wie bei Karl Rahner und vielen anderen – aus einem „verwundeten Herzen" (Lehmann)[110], einem Herzen, das mit der Kirche fühlt und leidet?

Wir selber sind allesamt Kirche und tragen mit unserem Versagen, mit unseren Unzulänglichkeiten dazu bei, dass sie nicht strahlend(er) aussieht. Allerdings: Wenn die ‚Gestalt' der Kirche deshalb „verbeult" aussieht (Papst Franziskus), weil sie sich mit ihrer Liebesbotschaft nicht „in Glanz und Gloria" hüllt, sondern „an die Ränder geht", dorthin, wo Menschen Hilfe brauchen, Lebenshilfe – dann ist Kirche an dem Ort, der ihr zukommt.

2. Jesus, der Christus

Mit großer sprachlicher Schönheit und mit Nachdruck ruft Eugen Drewermann die Bedeutung Jesu uns heute immer wieder zu. Und dabei sieht er den Mann aus Nazareth nicht einsam und isoliert. Die tiefsten menschlichen Erfahrungen geben ein Zeugnis, wie sehr wir alle in den existentiellen Lebenssituationen angewiesen sind auf einen Halt, der wirklich hält, auf ein Licht, das leuchtet, auf eine Verheißung, die gilt und nicht trügerische Illusion ist. Es muss allerdings immer wieder in Erinnerung gerufen werden, gerade jenen gegenüber, die der Institution Kirche „den Rücken gekehrt haben": Ohne eine Kirche mit all ihren Beulen und Macken (die „verbeulte Gestalt der Kirche" – Papst Franziskus) wüssten wir – wenn überhaupt – auch von Jesus aus Nazareth nur das, was man über irgendeine historische Person wissen kann. *„Wir Menschen sind auf dieser Welt die einzigen Lebewesen, die sich ängstigen können und müssen vor der Nichtigkeit und Zufälligkeit alles Existierenden; wir sind die Einzigen, denen die Welt erscheint wie ein Meer, über die sie nur zu schreiten vermögen mit dem Blick auf eine Gestalt, die vom anderen Ufer uns entgegenkommt."*[111]

Die „Gestalt, die vom anderen Ufer uns entgegenkommt" – alles kommt darauf an, dass es diese „Gestalt" gibt. Und dass sie uns wahrnimmt, auf uns zukommt, uns die Hand reicht, uns begleitet. Und dass es dieses „andere Ufer" jenseits aller Ambivalenzen, aller falschen Ansprüche und gottgleichen Versprechen tatsächlich gibt. Sonst wäre nicht nur alles sinn- und bedeutungslos. Selbst unsere tiefsten Sehnsüchte und Hoffnungen wären nichts weiter als Illusionen, ein schöner Schein, der vielleicht nur den einzigen Sinn hat, in allen schwierigen Situationen uns etwas vorzumachen, damit die Abgründe des Lebens etwas leichter zu ertragen sind.[112] *„Auf dass Menschen eine absolute Geltung haben, bedarf es eines absoluten Gegenübers ihrer Anerkennung. Ein solches Gegenüber kann und darf nicht die Natur, nicht die Gesellschaft, nicht ein Zweckverband ... sein ... Es müsste einen jeden die Religion begleiten auf dem Weg zu seiner Freiheit. Sie müsste die verinnerlichten Zwänge seiner Seele durcharbeiten, in denen andere mit scheinbar göttlicher Autorität vor ihn hintraten und ihn nach ihrem Bild zu formen suchten ... Sie alle sind nicht Gott, sie sind nur lächerlich, wenn sie versuchen, so zu tun."*[113]

Noch ein weiterer schöner Text soll uns das Geheimnis des Mannes aus Nazareth nahebringen. Nachdem Drewermann verschiedene Religionen in den Blick genommen hat, formuliert er ein *Glaubensbekenntnis, das die Person Jesu Christi als „Weg, Wahrheit und Leben"* in einer Weise kennzeichnet, die das christliche Dogma nicht nur nicht in Frage stellt, sondern anthropologisch tief und umfassend begründet: *„All dieser Religionen bedürften wir; sie wären keine Gegensätze, sondern sie müssten erklären, woran wir selber glauben, sie alle wären Stufen ins Heiligtum des Christus, dessen, der sagt: Ich bin. Und es ist eine Wirklichkeit, ganz und gar gestaltet als Freiheit, als Person und bereit, einen jeden von uns bei der Hand zu nehmen, auf dass er werde wie Gott, eine Person in Freiheit, gegründet in Liebe, abhängig als Kreatur, aber berufen zur Unendlichkeit."*[114]

Froh bin ich, dass ich in dieser wie in vielen anderen existentiellen Situationen immer wieder auf den Glaubenszeugen Karl Rahner zurückkommen kann. Dass der Mensch *„werde wie Gott, eine Person in Freiheit, gegründet in Liebe, ab-*

hängig als Kreatur, aber berufen zur Unendlichkeit" – davon kann ohne Selbstüberschätzung, Hybris und falsch verstandener Autonomie nur reden, wer die *kirchliche Gnadenlehre* gewissermaßen „im Rücken hat". Sie wurde von Karl Rahner in ihrer Tiefendimension – oft in vielen Gebetstexten und Meditationen – entfaltet als *Selbstmitteilung Gottes. Der Geber ist selber die Gabe.* Gott hält nichts zurück, ja, *er hält sich nicht zurück. Er gibt sich ganz.* „*Entscheidend für das Verständnis dieser Selbstmitteilung Gottes an den Menschen ist es, zu begreifen, dass der Geber in sich selber die Gabe ist, dass der Geber sich selbst in sich selbst der Kreatur als ihre Vollendung zu eigen gibt.*"[115]

In ganz besonderem Maße wirkt sich diese Selbstmitteilung Gottes in Jesus von Nazareth aus: „*Weil in der Menschwerdung der Logos die menschliche Wirklichkeit schafft, indem er sie annimmt und annimmt, indem er selbst sich entäußert, darum obwaltet auch hier – und zwar in radikalster, spezifisch einmaliger Weise – das Axiom für alles Verhältnis zwischen Gott und Geschöpf: dass nämlich die Nähe und die Ferne, die Verfügtheit und die Selbstmacht der Kreatur nicht im umgekehrten, sondern im selben Maße wachsen. Darum ist Christus am radikalsten Mensch ... Die Menschheit Christi ist nicht so die ‚Erscheinungsform' Gottes, dass sie der Schein von Leere und Dunst wäre, die keine Eigengültigkeit vor dem Erscheinenden und ihm gegenüber hätte.*"[116]

Früh schon warnte Rahner, dass selbst im Gebetsleben eine falsch verstandene Autonomie des Menschen zum Durchbruch kommen und den Blick darauf verstellen kann, dass wir im Ersten und Letzten immer Empfangende sind, dass das Leben ein Geschenk und unsere Existenz keine verdammte, sondern eine verdankte Existenz ist: „*Auch die reine Flamme nach oben wäre noch nicht die Liebe, die Gott von uns will, weil Er sie uns geschenkt hat. Auch die lauterste Sehnsucht des Menschen nach dem unendlichen Gott könnte von sich aus den Unnahbaren nur von Ferne umkreisen. Dass wir mehr können, dass wir vor sein Antlitz kommen, dass es uns – Inhalt des ewigen Lebens – gelingen kann, Ihn zu schauen, wie Er ist, und seiner innersten Liebe teilhaft zu werden, das ist die Tat seiner Liebe, das ist nur möglich, weil Er selbst in seinem Heiligen Geist seine letzte, die absolute Liebe in unsere Herzen ausgegossen hat ... Das ist nur möglich, weil Er zu uns gekommen ist, weil die Unbegreiflichkeit Seiner Liebe geschehen ist, die dorthinein sich weggeliebt, wo nichts war, das solcher Liebe würdig war oder sie herausfordern konnte. Nicht wir steigen auf zu Ihm, sondern Er stieg ab zu uns. Weil er uns fand, können wir ihn suchen ..."*[117]

Wer die Gnade Gottes glaubhaft vermitteln will, der, so Drewermann, *„muss wieder Raum geben den träumenden Bildern der Sehnsucht in den Herzen der Menschen, mit denen die Evangelisten die Person und die Botschaft des Jesus aus Nazareth als des ‚Wortes' Gottes im ‚Geiste' verbindlich für alle zu deuten versuchten."*[118]

Fragen bleiben: Wie passt das alles zusammen, die Grundsatzkritik an der kirchlichen Verkündigung, die pauschale Verurteilung des „Christentum(s) der Lehramtsdogmen" mit dem gleichzeitigen Aufweis des Erfordernisses, dass Menschen eines „absoluten Gegenübers ihrer Anerkennung" unbedingt bedürfen? Wie passt dies zusammen, wenn Drewermann ganz selbstverständlich den Evangelisten das Recht zuspricht, dass sie mit den „träumenden Bildern der Sehnsucht" Person und Botschaft Jesu *„verbindlich für alle zu deuten versuchten"*?

Wer so wie Eugen Drewermann eine Fülle an Argumenten zusammenträgt, Begründung an Begründung aneinanderreiht, wunderbare Glaubensbekenntnisse formuliert, kann eigentlich auch nicht die ganze Richtung der kirchlichen Botschaft als falsch bezeichnen. Wenn die

Kirche eine Botschaft der Liebe und Zuwendung Gottes an alle Menschen, an *seine* Schöpfung verkündet, für die Jesus der untrügliche Zeuge ist, wenn ohne diese Kirche die Botschaft Jesu heute nicht mehr lebendig wäre – eine Botschaft, die für menschliches Leben unverzichtbar ist –, dann ist die Sprache des „verwundeten Herzens" erlaubt, mitunter geboten! Dann muss sie aber *in der Kirche und als Teil von Kirche* geäußert und verstanden werden!

Karl Rahner sieht das Erfordernis von „Wendepunkten"[119] ebenfalls, ohne die kirchliche Tradition zu verlassen.[120] Er spricht darum auch nicht von einem „totalen Perspektivwechsel" oder der Verwerfung und Ausschaltung dogmatischer Begrifflichkeit. Er fordert stattdessen eine andere Einordnung in das Gesamt der kirchlichen Verkündigung, weil auch er eine veränderte Prioritätensetzung für unverzichtbar hält angesichts heutiger Herausforderungen: *„In unserem eigenen Glaubensleben, in unserem Gebet, in unserer Meditation und in unserer Verkündigung sehen wir oft – was den Glaubensinhalt angeht – vor lauter Bäumen den Wald nicht, und wir lernen darum die eigentlich entscheidenden Grundvollzüge des glaubenden Daseins nicht genau und nicht existentiell tief genug. Eine existentiell tiefere Verwurzelung des Glaubens im Grunde des Daseins bedeutet aber notwendig auch eine vereinfachende Konzentration der Glaubensinhalte, nicht im Sinne einer Verwerfung, Ausschaltung dieser oder jener Sätze, wohl aber im Sinn einer Perspektivierung, Einordnung, existentiell wertenden Gewichtsverteilung."*[121]

3. Orientierung in einer unüberschaubaren Welt

Das Problem der unüberwindlichen Pluralität in allen Fragen des Lebens, besonders im Bereich der Wissenschaft und der Gesellschaftspolitik, ist ein weiterer Ort, wo es einer ‚Tiefenbohrung' Karl Rahners bedarf, um Aussagegehalte richtig gewichten und einordnen zu können.

Hier zunächst Karl Rahner, der von einer vierten Erfahrung sprach, die für ihn prägend wurde: *„Wenn ich Gott um seiner selbst willen und nicht nur als mein Heil für mich lieben muss, um ihn überhaupt zu finden, dann kann ich mein Interesse gar nicht auf die Schrift allein begrenzen, dann ist alles, wodurch sich Gott in der Welt der Kreaturen vernehmen ließ, für mich interessant ..."*[122] Rahner bekennt in aller Bescheidenheit, wie wenig er selber in der Lage war, den Dialog mit all den Wissenschaften aufzunehmen. Er wäre allerdings nicht er selbst, wenn er nicht zum Schluss deutlich gemacht hätte, *wie man mit dieser Defizitsituation* – die heute und morgen eher zu- als abnehmen wird und die *gar nicht vermeidbar* ist – *theologisch verantwortlich umgehen kann*. *„Wenn so der Theologe diese bitteren Erfahrungen seines Nichtwissens macht, dann könnte er, wenn er diese Erfahrung mutig und unbefangen annimmt, für die übrigen Wissenschaftler Beispiel und Antrieb sein, ihre Wissenschaften aus derselben Haltung der Bescheidenheit und Selbstbegrenzung zu betreiben, so dass die Spannungen zwischen den Wissenschaften zwar nicht nur nicht beseitigt, sondern, weil eingestanden, sogar verschärft sind, aber der unvermeidliche Streit der Wissenschaften untereinander und mit der Theologie doch umfasst wäre von jenem Frieden, der unter denen herrschen kann, die alle, jeder in seiner Weise, das Geheimnis ahnen und erleiden, das wir Gott nennen."*[123] Dieses ‚Rahner'sche Hintergrundwissen' gibt den Verständnishorizont ab für die folgenden Aussagen Drewermanns. Ich halte sie für das Glaubensgespräch heute für überaus bedeutend: *„Theologie vom Menschen her – das heißt zu integrieren, was man heute über den Menschen weiß: seine Gefühle, die den Hunderten von Millionen Jahren sich verdanken,* *in denen er sich aus der Tierreihe entwickelte; die Antriebe, Sehnsüchte, Bilder seiner Psyche, die tief im Unbewussten liegen; die Ohnmacht des Bewusstseins gegenüber dem bewussten Wollen; die abgründige Ausgeliefertheit im Getto seiner Ängste, Aggressionen, Zwänge und Kompensationsversuche; das Warten auf Erlösung durch eine Gnade, die es inmitten der gesamten Welt nicht gibt. Davon im wesentlichen hat das Christentum zu sprechen, darin liegt seine Offenbarung, dadurch allein vertieft sich sein Blick auf die Menschen im Untergrund der oberflächlichen Bewertung nach Gut und Böse ... Ein solcher Perspektivwechsel ist total; er ändert nicht den Inhalt, doch die Richtung der gesamten Religion ... sie dient der Heilung jener Krankheit, die das Dasein ohne Gott, im Feld der radikalen Gnadenlosigkeit der Welt, sein muss."*[124]

Mich erinnern diese Analysen sehr – fast bis ins Wörtliche hinein – an Fragen und Anfragen, die Karl Rahner kurz nach dem Zweiten Weltkrieg in den Münchner Fastenpredigten stellte, die später veröffentlicht wurden unter dem Titel: „Von der Not und dem Segen des Gebetes". Dieser geistliche Bestseller Karl Rahners ist auch heute noch lesenswert und nimmt vielfach Anliegen auf bzw. vorweg, um die es Drewermann in seinem Denken geht. Besonders auffällig ist – und hilfreich für die Verkündigung heute –, dass sowohl Rahner als auch Drewermann die *Grenzen anthropologischen Denkens und Tuns* klar benennen. Karl Rahner schreibt an zwei entscheidenden Stellen: „*Mitten im Innersten des bindungslos gewordenen, des kirchen- und dogmenfreien Menschen stand unversehens eine Gewalt auf, die den scheinbar ganz frei gewordenen Menschen bedrängte und verknechtete. In dem Maße, als er den äußeren Bindungen einer allgemein verpflichtenden Sitte, verpflichtender Grundsätze des Denkens und Handelns sich entzog, in dem Maße wurde er nicht eigentlich frei, sondern verfiel anderen Herrschaften, die von innen her ihn übermächtig überfielen: den Mächten des Triebes, den Mächten des Geltungsstrebens, des Machthungers, den Mächten der Geschlechtlichkeit und des Genusses und gleichzeitig den Ohnmächten der von innen her den Menschen aushöhlenden Sorge, der Lebensunsicherheit, des Sinnschwundes des Lebens, der Angst und der ausweglosen Enttäuschung ... Er wollte ganz sich selbst entdecken und in sich die autonome Person von unantastbarer Würde – und hatte eigentlich nach aller Tiefenpsychologie und Psychotherapie und aller Existentialphilosophie und aller Anthropologie, in der sich alle Wissenschaften einfanden, um herauszubringen, was eigentlich der Mensch in seinen tiefsten Gründen und Untergründen sei, nur entdeckt, dass in den tiefsten Tiefen seines eigentlichen Wesens er eigentlich gar nicht – er sei, sondern ein unübersehbares, ungeheuerliches Chaos von allem und jedem, in dem der Mensch eigentlich nur so etwas ist wie ein sehr zufälliger Schnittpunkt dunkler, unpersönlicher Triebe ... Weiß der Mensch von heute aus sich wirklich mehr von sich, als dass er eine Frage ist in eine grenzenlose Finsternis hinein, eine Frage, die nur weiß, dass die Last der Fragwürdigkeit bitterer ist, als dass der Mensch sie auf die Dauer erträgt?"*[125]

„Wenn alle Versuche, das einzig Wichtige ... aus dem Grund des Herzens auszugraben, gescheitert sind und es immer wieder am Ende sich herausstellt, dass das Gefundene – der Mensch ist, der sich auf die Dauer nicht anbeten kann, weil dieser Gott doch zu armselig ist, dann sagt das Wort Gottes zu diesem enttäuschten und verzweifelten Schatzgräber ruhig und sicher: Zutiefst in den Abgründen des Menschen lebt ... Gott ..., wirklich Er selbst, ... jene Unendlichkeit, die uns sowohl befreit von der versklavenden Gewalt der menschlichen Seelenmächte (die, in sich endlich, uns in ihrer hungernden Unersättlichkeit eine Unendlichkeit nur vorlügen) als auch erhebt über die im letzten doch kümmerlichen Maße eines harmonischen Humanismus, in dem alles so geformt wird,

dass es enge wird, erhebt auch über die einzige Unendlichkeit, die ein Mensch mit ein bisschen Schein von Wahrheit für sich in Anspruch nehmen kann: die Unendlichkeit seiner Ohnmacht und seiner Endlichkeit."[126]

Eugen Drewermann hat viele dieser Impulse Karl Rahners aufgenommen und produktiv ‚verarbeitet'. Die Integration all dessen, was Menschsein ausmacht, findet sich zahlreich in seinem umfangreichen Werk. Dazu zählen Problemstellungen, Aspekte und Perspektiven aus den Naturwissenschaften ebenso wie aus Psychologie und Neurologie. In jüngster Zeit widmet sich Drewermann verstärkt gesellschaftspolitischen und soziologischen Fragestellungen.

Aber auch hier bleiben Fragen: Was machen jene Menschen, die all das nicht verstehen, nicht ‚bewältigen' können? Wie kann man mit einer Fülle von Erkenntnissen umgehen, die allzu oft schon eine rein quantitative Überforderung darstellen? Und dann: Der Wissenszuwachs geschieht in einem derart rasanten Tempo, dass das, was heute aktuell ist, morgen schon veraltet ist. Jede beantwortete Frage ist die Tür zu vielen anderen, neuen Fragen: Woran kann man sich überhaupt noch halten? Was gilt?

Drewermann stellt sich dieser Glaubensnot: „*Manchmal tun die Physiker, Stephen Hawking etwa, tatsächlich so, als wenn sie die Gedanken Gottes denken könnten, ganz im Newtonschen Sinne noch. Und dann kommt dabei heraus, dass er jetzt, Hawking, uns zeigt, wie denn der ‚richtige' Gott die Welt geschaffen hat, indem es gar keinen Gott gibt ... Natürlich kann die Welt durch Zufall, durch Quantenvakuumfluktuation entstanden sein, wie sie will. Aber: Wie wir als Menschen darin leben, wird kein Naturwissenschaftler sagen. Auch und gerade ... Richard Dawkins kann nur sagen: Nach den Gesetzen, die ich als Biologe formuliere, möchte ich nicht, dass Menschen leben. Ja, aber wie kommen wir dann dazu, als Menschen zu leben? Dafür brauchen wir das, was im jesuanischen Sinne als Haltung vor Gott oder als Religion zu bezeichnen ist, nicht als Organisations-, sondern als Existenzform. Wir können simpel sagen: Gott braucht überhaupt keine Religion. Aber nötig haben, um richtig menschlich zu leben, wir Menschen den Bezug zu Gott."*[127]

Wer angesichts der unüberwindbaren Unüberschaubarkeit in Wissenschaft und Technik, ja im gesamten Leben nicht resigniert, wer sich ehrlich und offen diesen Fragen stellt, sollte bei all dem *das friedensstiftende Potential* nicht übersehen, das in der *theologischen Deutung dieser Situation* bei Karl Rahner steckt. Er geht davon aus, dass *„der unvermeidliche Streit der Wissenschaften untereinander und mit der Theologie doch umfasst wäre von jenem Frieden, der unter denen herrschen kann, die alle, jeder in seiner Weise, das Geheimnis ahnen und erleiden, das wir Gott nennen."*[128] *Alle Aussagen sämtlicher anthropologischer Wissenschaften bedürfen – wenn es um den Glauben geht – einer theologischen Deutung.*[129] Sie geleistet zu haben und gleichzeitig einen Weg aufgezeigt zu haben, wie man in solch einer Situation *„intellektuell redlich"* glauben kann, ist nicht das geringste Verdienst Karl Rahners.

4. Der atheistische Humanismus und die „anonym Verbündeten" im Glauben

„Aber nötig haben, um richtig menschlich zu leben, wir Menschen den Bezug zu Gott" – dieser Hinweis ist besonders einzubringen in das *Gespräch mit dem ausdrücklich sich atheistisch bekennenden Humanismus,* der stolz darauf ist, nicht „konfessionell gebunden"[130] zu sein, der nach eigener

Einschätzung frei ist von einem kirchlichen Dogmenglauben und den daraus resultierenden engen, lebensfeindlichen moralischen Vorgaben.[131] Drewermann weist in allen seinen Werken immer wieder auf die einfache Tatsache hin, dass nur die Erfahrung eines Gehaltenseins jenseits aller Begrenzungen und schmerzhaften Erfahrungen unser Menschsein begründen kann. Sonst hängen z. B. die Rede von den Menschenrechten und die von der „absoluten Würde" des Menschen gewissermaßen ‚in der Luft'.

Heinrich Fries, Zeitgenosse und Freund Karl Rahners, drückt dies prägnant so aus: „*Das Ethische ist im Ernstfall und im Grunde mit der Dimension des Unbedingten verbunden. Nur Unbedingtes kann unbedingt verpflichten. Dieses ist in der kontingenten Welt der vielfältigen Bedingungen nicht vorfindbar. Damit weist das Ethische über den Bereich der bloßen Diesseitigkeit hinaus – in die Sphäre der das Diesseits übersteigenden Dimension transzendenter Wirklichkeit, die wir Gott nennen. Und eben das gehört zur Bestimmung des Menschen. Wenn diese Begründung wegfällt – modern gesprochen, wenn Gott tot ist –, fallen die Horizonte und Maßstäbe des Ethischen weg.*"[132]

Ganz ähnlich lauten Eugen Drewermanns Aussagen, die im Dialog mit dem modernen ‚Unglauben' schon deshalb gehört werden sollten, weil sie die oft verdrängten *Implikationen eines „anonymen Glaubens"* aufzeigen: „*Wer nicht von bestimmten menschlichen Werten als absoluten Größen ausgeht, verrät sich an die Geschichte, vor allem an die dialektisch interpretierte Geschichte des Marxismus, aber auch an die des Kapitalismus. Damit wir Menschen sind, müssen wir also von bestimmten menschlichen Evidenzen ausgehen.*"[133] „*Er (gemeint ist Martin Luther;* Anm. R. H.) *hätte, wie gegenüber dem Humanisten Erasmus, auch dem Humanisten Lessing entgegengehalten und entgegenhalten müssen, dass die Menschlichkeit, die in Güte besteht, nur möglich ist in der Erfahrung der absoluten Güte Gottes jenseits aller menschlichen Unsicherheiten und Ambivalenzen. Es ist der Glaube, der den Tod überwindet ..."*[134]

Drewermann setzt sich, gerade in den jüngeren Werken, immer wieder auch mit dem Anliegen des Existentialismus auseinander. Er hält nicht nur dessen Anliegen für ‚unüberholbar'. Drewermann begründet seinen Glauben fast ausschließlich existentiell – das ist seine große Stärke. Auch und gerade deshalb, weil diese Glaubensbegründung im Gespräch mit all den großen Gott-Suchern gefunden wird: *„Bei solchen Worten wird deutlich, dass die Definition des Absurden bei CAMUS (gleich auch) eine absolute Evidenz des Menschlichen in sich schließt; und so ist es die entscheidende Frage: Woher stammt diese Evidenz? ... die Problemstellung gilt: woher die Gewissheit?"*[135] – *„Dann aber bleibt, um das zu sagen, was ALBERT CAMUS gesagt hat, nur der religiöse Weg: Um Liebe, Wahrheit, Menschlichkeit als absolute Maßstäbe des Lebens zu entdecken, vor allem: um die Absolutheit jeder einzelnen Person inmitten dieser anonymen, kybernetischen Maschinerie der Welt als letztverbindlich anzunehmen, bedarf es der Bewegung der Unendlichkeit: – weg aus dem Endlichen mit seinen notwendigen Widersprüchen und absurden Ambivalenzstrukturen zur Absolutheit der Person, die Gott ist, eindeutig und rein, doch nicht um diese Welt zu fliehen, im Gegenteil: um von Gott her in diese Welt, ohne je zu begreifen, wie sie seine Schöpfung sein kann, zurückzukehren mit dem Willen und der Festigkeit, ihr standzuhalten. Ohne diese ‚Doppelbewegung', die der Glaube ist, wäre nicht einmal die Sehnsucht nach dem Schönen ... wirklich verständlich ... Der Glaube ... nur er lässt wirklich klar sehen, macht er doch fähig, die unmenschliche Absurdität in den Strukturen von Welt und Geschichte als das Inakzeptable allererst zu entdecken."*[136]

Ein besonders schönes Beispiel für den Sachverhalt eines „anonymen" oder „impliziten" Glaubens ist ein interessantes Gespräch, das dann auch als Buch veröffentlicht wurde. Es ist ein spannender Dialog zwischen dem langjährigen Vorsitzenden der Partei „Die Linke", Gregor Gysi, und dem DDR-Oppositionellen und Wittenberger Pfarrer Friedrich Schorlemmer. Moderiert wurde es von Hans-Dieter Schütt. Schütt war zu DDR-Zeiten Chefredakteur der FDJ-Zeitung „Junge Welt", von 1992 bis 2012 Redakteur der Tageszeitung „Neues Deutschland".[137] In diesem Buch gibt es eine wunderbare Stelle,[138] als Schütt sich zuerst erkundigt, ob er mit ihm, Gregor Gysi, auch über Gott reden könne. Gysi darauf: „Unbedingt". Und er geht auf Dostojewskis Werk „Die Brüder Karamasow" ein, in dem ein Satz immer wieder auftaucht: *„Wenn es Gott nicht gäbe, wäre alles erlaubt"*. Auch Eugen Drewermann geht in seiner Dostojewski-Besprechung auf diese bedrängende Frage ein: *„Was ist das für eine Welt, in der Kinder leiden müssen, und wie kann man es ändern, so dass wenigstens die Unschuldigen eine gewisse Chance zum Glück behalten? Das sind Gedanken, in denen Iwan Karamasow kreist. Es ist ein neues Argument des Atheismus: die Ungerechtigkeit und das Leiden der Unschuldigen in dieser Welt. Sie widerlegen Gott. Aus den Gründen der humanen Moral ist es unmöglich, an einen Gott zu glauben. – Aber augenblicklich kehrt die Frage zurück, wie es denn möglich ist, moralisch zu sein ohne Gott. – ‚Es werden ... die Menschen sich zusammenrotten, und sie werden aus diesem Leben alles herausziehen, was ihnen möglich ist, jedwedes Glück, mit aller Brutalität, denn es gibt keine Ewigkeit, und sie leben nur hier'. Aber wenn sie das tun, was soll sie dann hindern, bis zum Kannibalismus zu gehen? Wo soll eine Grenze sein? ‚Ohne Gott ist alles erlaubt', schreit förmlich Iwan und möchte nicht so denken, aber es ist wie ein Zwangssystem in seinem eigenen Kopf ..."*[139]

Zu einer Zeit, in der die herkömmlichen Antworten aus Psychologie und Theologie Drewermann nicht zufriedenstellen konnten – weil sie unverbunden und unvermittelt nebeneinanderstanden –, bedeutete Dostojewskis Werk Ausweg und Sinngebung für ihn in einem: *„Ich selber habe Dostojewski wiedergefunden, als ich endgültig nicht weiterwusste ..."*[140] Worum es im Glauben, im jüdisch-christlichen Glauben, eigentlich geht, zeigen sehr schön auch die beiden nachfolgenden Texte. Sie machen den Charakter der „frohen Botschaft" des Glaubens deutlich, der Trauer besiegen und Trost spenden kann, der Hoffnung und Sinn vermittelt, auch dort, wo alle anderen Sterne verlöschen. Gott ist bei uns, an unserer Seite, er ist ein mitgehender Gott, dessen Verheißungen allen Menschen, ja seiner ganzen Schöpfung gelten: *„Keine bessere Verkündigung ist als ein Mensch, der zu leben beginnt, und der schönste Lobpreis Gottes ist ein glücklicher Mensch. Wem das zu wenig ist, der hat keine Ahnung, wie gefährdet wir wirklich sind, wie ausgespannt zwischen Himmel und Abgrund ... Das ganze Evangelium besteht darin, dass wir es durch uns leben auf den anderen hin, und dann wird man sehen, was stimmt. Da mag man staunen und dankbar sein, aber es ist am Ende alles, was der Gott Israels zu sagen hat. Dies, dass er mit uns geht, ist die einzig wichtige Erfahrung der ganzen Bibel ..."*

„Aber fühlen, denken sollten wir, dass dieses ganze Dasein wie ein Geschenk ist, wie ein Segen ... Dieses Gefühl trägt hin bis zu Gott. Eingeladene sind wir, bei Gott Angekommene sind wir, und wir brauchen es nicht mehr zu erzwingen und zu betreiben im Konkurrenzkampf untereinander ... Ist es nicht so, dass wir unser Dasein völlig anders betrachten könnten, fühlten wir uns einmal wirklich als Eingeladene? Wir brauchten um die Eintrittskarte nicht zu kämpfen, wir müssten nicht erst beweisen, wer wir sind, durch Leistung, Anstrengung als Emporkömmlinge. Wir wären

höchst erwünscht im Leben und es gäbe unsichtbar so etwas wie einen Anruf, der uns erreicht und bittet, da zu sein in dieser Welt: Was wir das Leben nennen, sei nicht der Kampf der Fittesten gegen die Konkurrenten, sondern eine Vorbereitung für ein königliches Mahl; an dieser Tafel Platz zu nehmen sei unsere Würde, die uns unsichtbar schon verliehen sei."[141]

Es ist beeindruckend und faszinierend, mit welch einprägsamen Worten und in welch eindringlicher Sprache Eugen Drewermann die Notwendigkeit der Religion beschreibt. Vieles im Duktus erinnert auch hier an geistliche Texte Karl Rahners: *„Die Jugend Gottes hat sich da eingesenkt, wo wir, die zum Tod Verurteilten, leben; sie hat den Tod dabei nicht einfach abgeschafft, sondern das größere Wagnis des triumphierenden Lebens unternommen, sich auf den Tod einzulassen, um durch ihn selbst hindurch die ewige Jugend Gottes zu unserer eigenen zu machen."*[142]

Eugen Drewermann sagt es so: *„Wie nötig wäre Religion! Wer, wenn nicht sie, könnte den Menschen sagen, dass sie mehr sind als Übergangsgebilde im Stoffwechselhaushalt der Natur."*[143]

Dieser Dialog, dieses Glaubensgespräch, ist uns heute aufgetragen in einer Welt, die in Sachzwängen aufzugehen droht. Wir können nicht auf das Zeugnis all jener verzichten, die diese Entwicklung voraussahen und sich der Herausforderung stellten zu einer Zeit, in der es noch ein Leichtes war, angesichts voller Kirchen und genügend Geistlicher Augen und Ohren zu verschließen und im „Haus voll Glorie" abzuwarten, „bis alle Stürm vorüber geh'n". Die ‚Stürme' der Konsumgesellschaft, der Globalisierung und Digitalisierung gehen nicht nur nicht vorüber. Sie sind die „Orte des Glaubens", an die Gott uns stellt. Er ruft uns in unsere Zeit, in keine andere. Im Hier und Heute ist unser Glaubenszeugnis gefragt und gefordert. Darum ist es tröstlich und ermutigend, dass wir nicht allein sind, sondern als Kirche glauben. Wir glauben nicht einsam, sondern gemeinsam. Wir glauben in einer Gemeinschaft, deren Anliegen es ist, Glaube, Hoffnung und Liebe der Welt zu verkünden.

Heute jedoch kommt es verstärkt darauf an, noch sensibler zu werden für „anonyme" Glaubensvollzüge, die häufig unter ganz anderen Namen auftreten. All das Gute, was geschieht, oft im Stillen, oft unscheinbar, oft ohne viel ‚Getöse' und ohne ‚medialen Rummel' – ich denke an Krankenzimmer, an Hospize, an die oft stillen und liebevollen Gesten in Pflegeheimen oder in Beratungsgesprächen – geschieht immer nur in dem, was wir ‚Gnade' nennen. Gottes Zuwendung, die die Menschen trägt und sie zum Guten befähigt, sie sprengt jede enge, ‚kleinkarierte' Vorstellung und Engführung von *seiner* Liebe, die uns greifbar in Jesus von Nazareth erschienen ist. Und all jene, die diesen Namen nicht kennen und dennoch in *seiner* Liebe leben, leben auch „anonym" in *seiner* Nachfolge. Das zu sagen ist eine Würdigung und darf nie zu einer billigen Vereinnahmung führen.

Hier ist ‚Gewissenserforschung' vonnöten. Je ehrlicher und offener wir dabei unsere eigene Geschichte in unseren Kirchen anschauen, desto hilfreicher wird es sein, neben eigenen Fehlern auch unentdeckte Chancen und Möglichkeiten (wieder) zu entdecken. Denn bereits im Jahr 1956 (!) äußerte sich Hans Urs von Balthasar skeptisch, ob es reicht, sich *„im Anschaulichen einzunisten" und ob es nicht unsere Aufgabe sei, den „Atheisten ihre eigene Daseinserfahrung ohne Kurzschlüsse zu deuten".*

Urs von Balthasar tritt leidenschaftlich dafür ein, sich nicht zu sehr in sicher geglaubte „Bastionen"[144] zu verschanzen: *„Begnügen sich nicht die meisten, ... die Erscheinungen Gottes in der Welt zu verehren, beim sichtbar gewordenen Sohn, bei seiner Mutter, seinen Sakramenten haltzumachen, ohne die Dynamik dieser ganzen Erscheinungswelt vom unsichtbaren Vater her und zu ihm hin wirklich lebensmäßig mitzuvollziehen? ... Haben wir uns nicht, seit der Gegenreformation, immer mehr ans Sichtbare geklammert? ... Wir nisten uns im Anschaulichen ein ... Ist es nicht an der Zeit, dass Gott uns wieder einmal das Antlitz seiner Unendlichkeit, seines Ganzandersseins zukehrt? Wer, wenn nicht die von diesem Ganzanderssein Gottes im Innersten ergriffenen Christen werden hinreichend sein, den heutigen Atheisten ihre eigene Daseinserfahrung ohne Kurzschlüsse zu deuten? Es dürfte auch nicht so sein, dass die Christen den Satz von der Unbegreiflichkeit Gottes wie einen zwar besessenen, aber im Schrank vergessenen und ad hoc hervorgeholten und abgestaubten Gegenstand handhaben ..."*[145]

Balthasar bleibt einerseits skeptisch ob der Ambivalenzen des Menschen, er bleibt aber auch skeptisch, ob angesichts der verwirrenden Vielfalt menschlicher Möglichkeiten „jemand ... noch ein Wort weiß": *„Aber die fürchterliche Frage: Wozu das alles, wird immer lauter werden, je mehr die kleine Kugel, auf der wir gefangen stehen, von wimmelnden Massen überläuft und tolle Erfindungen ihnen Macht geben über ihr eigenes Sein und Nichtsein und über Sein und Nichtsein der Kugel. Schließlich kann der Dialog der Menschen miteinander nur noch innerhalb der Gefängniszelle erfolgen, auf der das Humanum steht. Dann wird eigentlich der Gedanke, die andern seien die Hölle, überholt sein durch die Erfahrung, dass wir uns alle gegenseitig und somit jeder sich selber die Hölle ist. Das, womit man auf keinen Fall auskommen kann, es sei denn aus Trotz und Zynismus. Humanität ist dann Kollektivegoismus und Liebe natürlich Sex. Und die Rotationswalze des allgemeinen*

Dialogs steht still, weil jeder immer schon weiß, was überhaupt gesagt werden kann, vom Lao zu Mao und die fetteste Schlagzeile kein Blickfang mehr ist. Jeder wird eines jeden Feind sein, weil keiner sich selber mehr Freund sein kann. Ob man auf der Flucht vor dem Feind in sich selbst dann zur Droge oder zum Nächsten greift, ist unerheblich; ein Erwachen bei sich ist unvermeidbar, ob man sich nun einsam wiederfindet oder, was vielleicht schlimmer ist, im Spiegel des Du, zu dem man vor sich floh. Machen wir einmal mehr Gott zum Lückenbüßer? Schwerlich, wo es nicht darum geht, Löcher zu stopfen, die der Mensch mit der Zeit selber stopfen lernen könnte. Nein: Der Mensch selber ist Loch und Abgrund. Er selbst ist die hoffnungslos abgebrochene Kommunikation, er selbst hinter dem ohrenbetäubenden Getöse, das er dialogisch vollführt, die Totenstille. Die ganze Frage ist, ob jemand hier, in diesem eisigen Schweigen unterhalb des Lärms noch ein Wort weiß. Eines, das durch das Vakuum der Hölle widerhallt."[146]

Alexander von Schönburg kommt am Schluss seines Buches zur Weltgeschichte[147] im Jahr 2017 zu einer überraschenden Aussage, die darin gipfelt, dass man nicht an dem Unterschied zwischen Gut und Böse zweifeln kann, wenn man sein Menschsein nicht aufgeben will. Verbunden damit ist der Glaube an einen Sinn, der Hoffnung begründet. In diesem Zusammenhang sieht Schönburg Glauben, der für ihn unverzichtbar ist, um die Welt, so, wie sie ist, auch anzunehmen: *„Ohne Hoffnung darauf, dass unsere Existenz nicht sinnlos ist, dass Liebe mehr als nur eine chemische Reaktion im Gehirn ist, dass es Gut und Böse gibt, dass der Mensch nicht einfach eine Art Bio-Unfall ist, dass die Geschichte der Menschheit ein Ziel hat, dass wir Teil von etwas sind, das irgendwie Sinn ergibt, könnten wir doch gar nicht leben. Außer man ist ein Monster ... Mit anderen Worten: Das Leben ist ein Märchen, erzählt von einem Idioten ... Das kann einem* *denkenden Menschen nicht genügen ... Wer an den Unterschied zwischen Gut und Böse glaubt, der glaubt, dass die Welt einen Sinn hat. Der glaubt. Und wer glaubt, kann auch hoffen. Wer hoffen kann, kann auch die Welt bejahen ..."*[148]

Es ist diese Analyse, die so beeindruckend ist: Wir sind kein „Bio-Unfall" – das wäre ja dann die wirkliche ‚Alternative' zum ausdrücklichen Glauben, auf die man – liebevoll, aber auch deutlich – all jene aufmerksam machen sollte, die unser Glaubensbekenntnis ausdrücklich ablehnen. Es wird viele Menschen geben, die Gutes tun. Und es ist unser Glaube, der uns diese optimistische und realistische Option ermöglicht: *Wo Gutes geschieht, ist Gott immer dabei.* Denn es kann nichts geschehen ohne Gott. Dass für Christen damit auch eine Aussage zum „anonymen Christentum" verbunden ist, ist leicht einsehbar: „*Dem Christen, dessen Glauben von dem Bewusstsein um eine Heilsmöglichkeit außerhalb der Kirche geprägt ist, der weiß, dass Gott sich überall finden lassen kann, dem geht ‚Gott unermesslich erhaben auf'* (SG 408; vgl. III, 346). *So wird ihm das ‚anonyme Christentum' am Ende zum Hinweis auf das Je-immer-größer-Sein Gottes: ‚Solcher Glaube lässt Gott größer sein als unseren Geist, unser Herz, unser Wort, unseren Glauben und unsere Kirche, da gerade ja der Glaube der Kirche sagt, dass Gott größer ist als alles andere, auch größer als er selbst, auch größer als die Kirche. Größer – das heißt: machtvoller, gnädiger, siegreicher, mächtig auch der Wege, die wir nicht finden (...). Darum ist dieser unser Glaube gerade heute auch zuversichtlich: Er will ja nicht seinen Sieg, unseren, von uns genossenen Sieg, sondern den Sieg Gottes. Gott will nämlich, dass wir an seinen Sieg glauben, auch noch in unserer Schwäche und Niederlage"* (TM 9, 50; vgl. V, 158; GaF 159f.).[149]

Wenn auch damit all die Fragen der Not und des Leides immer noch (und für immer!) im Raum stehen bleiben.

Aber dort, wo ausdrücklich die liebende Zuwendung Gottes als Wahn („Gotteswahn", Dawkins) oder Illusion (Feuerbach) gekennzeichnet wird, dort sollten wir als gläubige Menschen deutlich machen, dass dann nur noch der „Zigeuner am Rande des Universums" (Monod) oder die „Übergangsgebilde im Stoffwechselhaushalt der Natur" (Drewermann) als ‚Glaubensalternativen' übrig bleiben.

5. Welche Fragen sind von Gott?

Der Mensch kann viel fragen und erfragen. Karl Rahner hat vielfach darauf aufmerksam gemacht, dass der Mensch deshalb viele Fragen hat, weil er letztlich *eine Frage ist*. *„Die Tatsache, dass der Mensch die Frage nach dem Warum der Dinge stellen kann, und die Vorstellung, dass es darauf überhaupt eine Antwort geben könnte, ist die gewaltigste menschliche Idee. Und vielleicht die am Ende wichtigste überhaupt. Selbst der alte Nörgler Friedrich Nietzsche sagte: ‚Wer ein Warum zum Leben hat, erträgt jedes Wie'."*[150]

Ganz ähnlich argumentiert auch Eugen Drewermann, der allerdings die Frage weiterführt in die Richtung, welche Fragen denn tatsächlich (nur) jene sind, die von Gott kommen, die mit ihm zu tun haben. Ob sie als solche wohl zu identifizieren sind? *„In jeder Frage Gottes an den Menschen geht es um Heil oder Unheil, Leben oder Tod, Alles oder Nichts. Nur die Fragen sind von Gott, die sich uns unabweisbar immer wieder stellen, in schlaflosen Nächten und taghellen Träumen, beglückend oder bedrückend, je nach den Umständen, immer aber mit dem Anspruch letzter Entschiedenheit und Entschlossenheit. Nur wer sich ganz herausgefordert fühlt, spürt Gottes Frage an sich selbst im eigenen Leben und fragt mit seinem eigenen Leben selbst nach Gott."*[151]

Karl Rahner hat für diese ‚Transzendenzbeziehung' folgende Formulierungen gefunden: „*Nichts ist uns eigentlich vertrauter und selbstverständlicher als das schweigende Fragen über alles Befragte und Beherrschte hinaus ... Der Blick auf das Herz Christi kann uns einweihen in die liebende Übergabe unseres ganzen Wesens an das Geheimnis, das bleibt, in dessen Abgrund wir gründen ...*"[152] „*Das ist das unsagbare Geheimnis, das wir glauben, weil der Mensch letztlich doch nur die Möglichkeit hat, entweder an den Abgrund der Leere und des Nichts oder an das unfassbare Geheimnis verborgener Seligkeit zu glauben. Alle Positionen zwischen diesem tiefsten Abgrund und dieser höchsten Höhe lassen sich auf die Dauer nicht halten.*"[153]

Mit Spielarten des Existentialismus, die die eigentliche ‚Größe' des Menschen darin ausmachen, „illusionslos zu leben", sich nichts vorzumachen, ‚autonom' zu sein und sich dessen zu erfreuen, dies als den eigentlichen Adel des Menschen zu begreifen, der (endlich!) nicht mehr abhängig ist von einem „Vater im Himmel", hat sich Karl Rahner in seinen Gebetsbetrachtungen sehr einfühlsam auseinandergesetzt, um auch die in dieser Haltung möglicherweise verborgenen Implikationen herauszuholen. Dieser Hinweis sei hier deshalb angebracht, weil zu allen Zeiten – auch heute – Menschen von ‚Befreiung' reden und eine vermeintliche religiöse Bevormundung meinen. Der atheistische Humanismus spricht offen von der Gängelei durch Kirche und deren moralischer Enge, von der man sich doch (endlich) selbstbewusst und ‚wissenschaftlich' freimachen müsse. Rahner hat diese Haltung in seine Überlegungen mit einbezogen.

Er hat auch – und das ist das Spannende – darauf aufmerksam gemacht, dass diese Hybris, diese falsch verstandene Autonomie des Menschen, auch in den Kirchen zu finden ist. Dass man die Botschaft des Glaubens hervorragend dazu missbrauchen kann, den eigenen Unglauben vor sich und den anderen zu verbergen. Immer dann, wenn man den Eindruck hat, dass die Fürbitte laut und vernehmlich gebetet werden muss, die da lautet: ‚Herr, lass nicht zu, dass Unberufene in dein Heiligtum eindringen', wenn man manch narzisstische Tendenzen der ‚Selbstbeweihräucherung' und der Selbstüberhöhung auch im kirchlichen Betrieb wahrnimmt, dann sind Rahners Gedanken hilfreich und aufschlussreich: *„Man hat auch noch eine seltsamere Art der Maskierung dieser Verzweiflung*[154] *erfunden: man sagt, es sei eigentlich die wahre Größe des Menschen, verzweifelt zu sein. Nur ein solcher Verzweifelter, der mit allem fertig geworden und hinter alles gekommen sei und gemerkt habe, dass hinter allem – nichts sei, sei der eigentliche, der wahre Mensch, der sich erhoben habe über den alltäglichen Spießer, der tapfer und ehrlich zur einzigen Größe des Menschen sich bekenne, die es gibt: zur redlichen Erkenntnis der radikalen Nichtigkeit des Menschen; die Größe des Menschen sei das Wissen um sein Elend. Es kann sein, dass solche illusionslose Erkenntnis der Anfang des Heiles ist, dass solche Menschen nicht mehr fern vom Reiche Gottes sind. Dann nämlich, wenn sie wirklich so verzweifelt sind, dass sie – nicht ihre Verzweiflung zu ihrem perversen Stolz machen und sich nicht einbilden (mehr ist es dann auch nicht), aus eigener Kraft die verzweifelte Leere zu sein, sondern lieber aus der Gnade eines anderen (des einen anderen) die geschenkte Fülle zu sein bereit sind. Aber, wie gesagt, oft ist diese Deutung von der Nichtigkeit des Menschen, die als erkannte und ertragene seine Größe ausmache, nur eine schuldhafte Maskierung der Verzweiflung, die weder die wirkliche Verzweiflung ganz zu Wort kommen lässt (weil der Stolz sie übertäubt) noch sie überwindet (weil man sich nicht von ihr erlösen lassen will), und darum ist auch diese Mas-*

kierung nicht besser als ihre primitiveren Formen bei den anderen Menschen. Wenn man diese Menschen ansieht und durch die Maske ihrer alltäglich gewordenen und für sich und die Welt raffiniert maskierten Verzweiflung hindurchschaut, dann verwandeln sich diese Menschen für diesen Blick plötzlich und geheimnisvoll in Ruinen von Menschen, in Ruinen mit Fassaden, hinter denen der eigentliche Mensch, der Mensch der Freiheit, des Vertrauens, des Glaubens und der Unendlichkeit verschüttet und tot liegt. Das ist das Menschenherz, das nicht in die Freiheit des unendlichen Gottes hinein befreit ist, das verschüttete Herz. Und – das ist für uns fast das Entscheidende – wir sind nie dieser Gefahr des Verschüttetwerdens enthoben, wir, die sogenannten guten Christen, die Kirchentreuen, die ‚Praktizierenden'. Wir können so in unserem patentierten Christentum dahinleben und dahinpraktizieren – und vielleicht ist das Herz schon längst ein verschüttetes Herz ... Man kann Christ sein, nicht weil man glaubt, sondern weil man für und vor sich selbst seinen Unglauben, der einen sonst zu sehr erschrecken würde, verstecken will. Ja, aus der Natur der Sache heraus ist das Christentum für das verlogene Herz des Menschen die beste Tarnung des Unglaubens vor sich selbst, die beste Fassade, die das verschüttete Herz verbirgt."[155]

Überall dort, wo buchstäblich alles in Frage steht, dort geht es um Gott, dort kommt er gewissermaßen „ins Spiel": „*Vielmehr gibt die Frage nach einem absoluten Sinn, wenn sie wirklich angenommen wird und sie sich selber bis zum letzten aussprechen darf, die Existenz eines absoluten Sinnes als wirklichen und somit die Existenz Gottes selber her ... die totale Sinnfrage enthält, wenn sie nicht verleugnet wird und sich ganz ausreden darf, ihre Antwort in sich selber. Sie sagt darum mit ihrer Antwort ursprünglich und durch sich selbst, was eigentlich mit Gott gemeint ist. Darum ist auch dort schon eine Erkenntnis Gottes gegeben und mitvollzogen, wo die Sinnfrage als sinnvolle und sich selbst beantwortende im konkreten Vollzug des menschlichen Lebens mit seinen Gewissensentscheidungen angenommen wird, auch wenn ein solcher Mensch den Eindruck hat, er könne mit dem Wort ‚Gott' und selbst mit den Worten ‚absoluter Sinn' und Ähnlichem nichts anfangen."*[156]

Warum ist das so? Warum geht einem im Leben auf, in allen entscheidenden, existentiellen Situationen, was mit Gott – ich formuliere hier noch bewusst etwas vorsichtiger – gemeint sein *kann*? Dessen jedenfalls ist sich Karl Rahner sehr bewusst: Wenn Gott und Leben gänzlich auseinanderfallen, wenn Gott gewissermaßen mit dem Lebensvollzug nichts zu tun hat (oder man nicht erkennen kann, was er mit dem konkreten Leben zu tun haben könnte), wenn Gott sozusagen ein Fremdwort ist oder für eine Sache steht, die vielleicht von mäßigem Interesse ist, aber nicht von wirklicher, lebensbezogener, ja lebensentscheidender Relevanz – dann ist Glaube tatsächlich bedeutungslos. Hören wir zur Begründung, warum das so ist, Karl Rahner weiter zu: *„Auch der* (gemeint ist: jeder Mensch, Anm. R. H.) *gerät in der Konkretheit seines Lebens mit seiner unerbittlichen Verantwortung vor die Frage, ob es einen letzten Sinn gebe, auch er beantwortet sie mit Ja oder Nein und vollzieht so eine letzte Stellungnahme gegenüber Gott und seiner Unbegreiflichkeit ... darum ist, wenn diese Überlegungen nicht bloß von menschlichem Geschwätz allein erfüllt waren, eigentlich ein Geschehen gegeben, in dem sich, vielleicht stotternd und dunkel, aber doch auch hörbar, die äußerste Verheißung und Verantwortung zu Wort gemeldet haben."*[157]

Hier lauert allerdings eine große Gefahr, vielleicht sind es sogar *zwei Gefahren*. Die erste könnte man so umschreiben: Gott wird zu einer „Funktion des Menschen". Dann ist es um ihn geschehen, dann ist er pure Illusion.

Rahner hat dagegen immer wieder die „*unverbrauchbare Transzendenz Gottes*"[158] betont und darauf insistiert, dass der Mensch nicht verstanden werden kann ohne die Beziehung zu Gott, dass es aber ein Kurzschluss im Denken sei, Gott aufgehen zu lassen in der Bedürfnisbefriedigung des Menschen. So gerade bleibt der Mensch bei sich – und nicht bei Gott.

Rahner war sich auch bewusst, dass die „Gnade von innen" nicht ausreicht, sondern die Botschaft von „außen" braucht.[159] Er betont stets das Ineinander von Immanenz und Transzendenz Gottes, beides ist nie losgelöst voneinander. Beides bedingt und durchdringt sich, keines kann gegen das andere ausgespielt werden. Das deutende Wort, die Vermittlung des Glaubens setzt etwas voraus, was gedeutet wird. *Gottes Geist in uns lässt – für sich allein – ein Geschehen zu, das auch „dunkel" sein kann, über das wir uns vielleicht auch nur „stotternd" verständigen können.* Wir brauchen im Glauben authentische Glaubenszeugen, deren Zeugnis im und durch das Leben beglaubigt wird. Wir brauchen die Kirche mit Wort und Sakrament. Rahner sprach in diesem Zusammenhang von der „*vermittelten Unmittelbarkeit*". Und selbst das klarste Wort der Liebe und Zuversicht muss sich andererseits in Frage stellen lassen, weil Gott immer das absolut unbegreifliche Geheimnis ist, dem man sich in Liebe zu ‚ergeben hat'. Nur so – sagte Rahner – wird man selig, anders nicht! *„‚Die Sinnfrage muss als Frage unerbittlich selber geläutert werden, indem ihr die Unbegreiflichkeit Gottes entgegenkommt und sie selber in die Frage stellt, ob sie es vermag, sich als die Frage nach einer Unbegreiflichkeit zu verstehen, die selig macht, oder ob sie insgeheim, weil letztlich ein dritter Sinn nicht möglich ist, die Unbegreiflichkeit Gottes nur als ein anderes Wort für die leere Absurdität des Daseins verstehen will.'"*[160]

Immer ist Gott derjenige, der die Akte von Glaube, Hoffnung und Liebe trägt. Karl Rahner hat immer wieder darauf aufmerksam gemacht, dass Abhängigkeit von Gott und menschlicher Eigenstand in gleichem Maße wachsen. Wir sind umso mehr Mensch, je abhängiger wir von Gott sind. Und umgekehrt. Auch das darf nicht falsch verstanden werden. Weil Gott keine Marionetten schafft, sondern in seiner Liebe Geschöpfe, die seine Liebe aufnehmen (können), um in seiner Kraft ihn wieder zu lieben, darum ist der Mensch in einer der schönsten ‚Definitionen' Karl Rahners ein ‚Kind der Liebe', nämlich das „Ereignis der Selbstmitteilung Gottes"[161]. Der Mensch geht nicht darin auf, ja er darf nicht darin aufgehen, nur ein Funktionswesen zu sein. Er ist weder ein „Vehikel der Gene", wie es einige biologistische Anschauungen heute nahelegen. Er ist auch nicht zu reduzieren auf einen mehr oder weniger bedeutsamen Kostenfaktor in Pflegeeinrichtungen. Die Frage nach dem Menschen ist, wie man unschwer sehen kann, von hoher gesellschaftlicher Relevanz. Denn man hört heute sogar in einigen politischen Meinungsäußerungen, der Mensch sei eigentlich nur (noch) ein Störfall in der Natur oder ein Irrläufer der Evolution. Ohne ihn ginge es der Natur, der Schöpfung wesentlich besser als mit ihm. Darum wäre es insgesamt viel besser, wenn der Mensch sich möglichst rasch von der ‚Bühne' des Lebens entfernt, um nicht noch weiteren Schaden anzurichten.[162]

Viele unterschiedliche ‚Definitionen' vom Menschen gibt es heute, sofern man sich darüber überhaupt noch Gedanken macht. Verheißungsvoll ist vor diesem Hintergrund die Botschaft des Glaubens. Sie ist eine Botschaft der Zukunft, des Lebens, eine, die dem Menschen entspricht und ihm gerecht zu werden vermag. Karl Rahner beschreibt den Menschen als das „*Ereignis einer freien, ungeschuldeten und vergebenden, absoluten Selbstmitteilung Gottes.*"[163] Optionale Glaubensalternativen müssen sich daran messen lassen, ob sie dem Menschen Größeres, Schöneres, Hoffnungsvolleres anzubieten haben.[164]

Und auch hier gilt Jesu Wort: „Nicht jeder, der zu mir sagt: ,Herr, Herr, wird in das Himmelreich eingehen, sondern derjenige, der den Willen meines Vaters tut." Viele Menschen stehen in der Nachfolge Jesu, indem sie ihren Mitmenschen Liebe und Vertrauen entgegenbringen. Auf Glauben angesprochen, würden sie es vielleicht als Vereinnahmung empfinden oder als Bevormundung. Doch wir als Christen sollten froh sein darüber, dass es durch Taten der Liebe viele „anonyme Verbündete" gibt.

Gottesfrage und Gotteserfahrung sind keine partikularen Wirklichkeiten des Menschen. Hier geht es immer um den Menschen in all seinen Dimensionen. „Du kommst unserem Tun mit Deiner Gnade zuvor" – so lautet die Überschrift zu einem Interview, das Paul Zulehner noch 1983 mit Karl Rahner in Innsbruck über die Seelsorge heute und morgen geführt hat.[165] Dieser Satz bringt ins Wort, warum ein ganzes Leben, das als Gebet verstanden wird, für den Menschen keine Überforderung bedeutet. *Es ist die personale Zuwendung Gottes selbst, die diesen Akt, den wir Gebet nennen, trägt.* Darum möchte ich noch einmal auf ein schon bekanntes Gebetswort Karl Rahners zurückkommen, in dem all das, was wir bedacht haben, wie in einer „Summenformel" zu finden ist; für mich ist es *die* Kurzformel des Glaubens schlechthin: „*Ich rufe dich an. Die letzte Kraft meines Herzens greift nach dir. Lass mich dich finden, dir begegnen in meinem ganzen Leben, damit langsam mir auch verständlich wird, was die Kirche mir von dir sagt. Es gibt nur zwei letzte Worte: Gott und Mensch, ein einziges Geheimnis, in das ich mich völlig, hoffend und liebend, ergebe. Dieses Mysterium ist ja in seiner Zwiefalt wahrhaft eines, es ist eins in dir, Jesus Christus. Zu dir sage ich, meine Hand in deine Wunde legend, mit dem zweifelnd fragenden Thomas: ‚Mein Herr und mein Gott'. Amen."*[166]

6. Die Frage nach dem Leid – Von der Not und dem Segen des Gebetes

Trotzdem (oder gerade deswegen?!) bleibt die bittere *Frage nach Leid, Not und Tod.* Sie wird immer bleiben. Und auch hier brauchen wir nicht einsam zu verstummen, sondern dürfen uns behutsam an die Hand nehmen lassen von Karl Rahner, der uns hilft, diese Anfragen im Glauben anzunehmen und nicht zu verdrängen. Die beiden folgenden Texte habe ich oftmals und an vielen unterschiedlichen Stellen in der Gemeindearbeit und bei Weiterbildungen verwendet. Es war (und ist) die nicht ausschließende, sondern auffangende, helfende Geste des Vertrauens, die so beeindruckend ist und die es Menschen ermöglicht, sich mit ihrem Leben, mit ihren Erfahrungen des Zweifels, der gescheiterten Bemühungen und der Traurigkeit dennoch geborgen und angenommen zu wissen und zu fühlen: *„Der Glaubende wird aber aus eigener Erfahrung alles Verständnis für einen ‚bekümmerten Atheisten' haben, für einen, der verstummt vor dem finsteren Rätsel des Daseins ... Man kann ruhig mit Simone Weil sagen, dass von zwei Menschen, die beide keine echte Erfahrung Gottes gemacht haben ... derjenige, der ihn leugnet, vielleicht Gott näher ist als der, der von ihm nur in gesellschaftlichen Klischees daherredet. Ein solcher ist Gott deshalb näher, weil die unerfüllte metaphysische Sehnsucht (sofern diese wirklich da ist und* *man sich ihr aussetzt, sie bekümmert ausgelitten wird und nicht nochmals narzisstisch genossen wird) insgeheim mehr von Gott weiß als der sogenannte ‚Gläubige', der meint, Gott sei eine Frage, mit der er schon längst fertig geworden sei."*

„Darf die Wahrheit etwa nicht erlösen und selig machen? Das ist die Frage. An ihr entscheidet sich unser Leben; wer für die selige Wahrheit optiert, sagt schon ‚Vater' zu ihr. Und, so ist zu hoffen erlaubt, wer meint, für eine tödliche Wahrheit optieren zu müssen, um wahr zu bleiben, der hat wegen dieser Treue zur vermeintlich bitteren Wahrheit im Grunde des Herzens nochmals die selig bergende Wahrheit des Vaters geliebt."[167]

Karl Rahner hat immer wieder betont, dass es nicht entscheidend darauf ankommt, *über* Gott zu reden, sondern vielmehr *zu* ihm. Die *„Not und der Segen des Gebetes"* machen die tiefsten Dimensionen des Menschen aus! Alle Fragen des Menschen nach Leid, Not und Tod haben Platz im Gebet. Die Psalmen des jüdischen und christlichen Volkes sind ein einziger Beleg für diese Aussage, der seine Bewahrheitung durch das Leben selbst erfährt.

Es gibt nicht nur Dankespsalmen, Psalmen der Freude und des Lobpreises. Es gibt auch die Klage, den Zorn, ja den Fluch, weil das Bild und die Erfahrung des liebenden Gottes mit all den Brutalitäten und Absurditäten, die es in der Welt gibt, für uns nicht in Übereinstimmung zu bringen sind. Drewermann betont deshalb immer wieder, dass der Mensch von der Welt aus nicht zu Gott kommt. Dass man Gott existentiell brauche, um in dieser Welt – so, wie sie ist – menschlich (über)leben zu können. *„Der Gedanke der Schöpfung stammt im Grunde aus der Unzufriedenheit mit dem, was wir als Weltwirklichkeit antreffen. Da ist eine riesige Diastase zwischen den menschlichen Fragen und dem, was wir vorfinden … Kein Mensch darf mit einem anderen Menschen – ich* *behaupte: auch nicht mit einem Tier – so umgehen, wie die Natur es jederzeit tut. Dieser Unterschied ist absolut. Das, was wir als Menschen sind, was wir kulturell gelernt haben, was verpflichtend ist für uns Menschen, unterscheidet sich um Lichtjahre von dem, was in der Natur anzutreffen ist ... Wer mithin versuchen wollte, die radikale Kontingenz des menschlichen Daseins zu beantworten, indem er sich selber erst einmal eine Notwendigkeit für sein Dasein schaffen will, folgt einem Konzept, das zwangsläufig ruinös sein wird, für ihn selber, für den Kontakt mit anderen Menschen ... Das ist ein Hauptpunkt in der ganzen Botschaft Jesu: dass wir Menschen uns radikal nicht selber gehören, dass wir selber keinerlei Anspruch auf irgendetwas haben, dass alles, was wir sind, geschenkhaft ist. Und dieses Geschenk müssten wir jetzt weitergeben, in der Freude darüber, leben zu dürfen im Hintergrund einer Macht, die möchte, dass wir sind. Das verbindet sich mit dem Schöpfungsgedanken."*[168]

Ich weiß nicht, ob diese ‚Rechnung' ganz aufgeht. Denn die Welt ist nach unserem Glauben *Seine* Schöpfung. Bei Karl Rahner gibt es diesen „absolute(en) Unterschied" so nicht. Auch hier wehrt er ‚falschen Alternativen' und gibt eine – auch sprachlich eindrucksvolle – Richtungsanzeige, wie das Verhältnis von Schöpfer und Geschöpf zu denken sei: *„Aber die Wirklichkeit dieses Universums ist doch letztlich ganz anders, als es uns diese Erfahrung unserer Nichtigkeit und Verlorenheit im erbarmungslos sein Wesen treibenden Kosmos einzureden sucht ... Die ungeheure, atemberaubende Geschichte des Kosmos hat ihren letzten Sinn darin, dass innerhalb dieser Geschichte scheinbar bloß punktförmig unzählige Geschichten des Geistes und der Freiheit sich ereignen können, in denen ebensooft die Geschichte des Kosmos selber grundsätzlich zu sich selber kommt. Und diese unzählige Male sich ereignende Geistes-und Freiheitsgeschichte als Zu-sich-Kommen des Kosmos ist gleich-*

zeitig und in einem die Geschichte der Selbstmitteilung Gottes als absoluter Zukunft an diese Geschichte der Freiheit und des Geistes des Kosmos. Das endgültige Ergebnis all dieser zu Gott als solchem selber vordringenden Geschichte des Geistes und der Freiheit, in der der Kosmos erst zu sich selber kommt, heißt das ewige Reich Gottes. In dieser Geschichte des Kosmos, des Geistes und der Freiheit ist aber der unwiderrufliche Sieg dieser Geschichte schon bezeugt und hat er auch schon als er selber begonnen. Dieser Anfang der seligen Vollendung des Kosmos heißt Jesus Christus, der durch seinen Tod hindurch Auferstandene."[169] Wenn Gott das „absolut liebende Gegenüber" für uns ist, wenn wir als menschliche Wesen, die ja auch ‚Teil' dieser Welt sind, auf Gott existentiell verwiesen und angewiesen sind, dann können Gott und Welt *nicht total beziehungslos* zueinander sein. In der Theologie spricht man deshalb von Kreatürlichkeit, von Schöpfung und Schöpfer, um diese Beziehungseinheit auszudrücken.

Aber gerade dann, wenn diese Beziehungseinheit betont wird, entstehen all die tiefen Fragen, wie Leid und Not mit einem ‚liebenden Gott' zusammenzubringen sind, mit absoluter Dringlichkeit. Sie können nicht (mehr) abstrakt diskutiert, gewissermaßen philosophisch neutral erwogen werden. Sie verlangen vielmehr ein engagiertes, mit dem Einsatz des ganzen Lebens formuliertes Sprechen *mit* Gott. Angesichts dieser Fragen kann sich – im Gebet – auch Not in Segen verwandeln.

Diese Aussage wird durch ein beeindruckendes literarisches Zeugnis des Rahner-Schülers Siegfried Hübner im Vorwort einer Auswahl von Meditationen unter dem Titel „*Das große Kirchenjahr – Geistliche Texte*" belegt: „*In diesen Predigten und Meditationen Karl Rahners ist Gott von Anfang bis Ende das eine und einzige Thema … er war überzeugt, dass es heute die erste und letzte Aufgabe christlicher Theo-*

logie und Verkündigung sein müsse, von Gott zu reden, ihn zu verkünden als den, der unausweichlich und unverdrängbar uns in unserem Menschsein trägt und umfasst, der sich uns als das ewige Leben gibt und auf den wir uns im Blick auf Jesus, den Gekreuzigten und Auferstandenen, bedingungslos verlassen können. Von dieser Grundüberzeugung und einem leidenschaftlichen Willen, dieser Aufgabe zu dienen, sind die Texte dieses Bandes geprägt. Deshalb wird in ihnen alles andere, das wir als Menschen erfahren und erleiden, auf diese Wirklichkeit hin, die ‚namenlose, heilige, richtende und bergende Unbegreiflichkeit, die wir – hilflos wie wir sind – Gott nennen', relativiert, nicht nur alles Menschliche und Weltliche, sondern auch alles ‚Religiöse' und Kirchliche, insofern dieses nicht mit Gott identisch ist, sondern nur auf ihn verweist ... Deshalb wird sie (die Rede von Gott; R. H.) *immer wieder zum Appell, die gegenwärtige Bedrohung des Glaubens als eine Herausforderung anzunehmen, die gebietet, aus einer Mentalität herauszuwachsen, die unbedingt ‚am kindlichen Erlebnis des nahen Gottes', wie es früheren Generationen beschieden war, als ‚Forderung und Bedingung' für den Glauben festhalten will, und im Glauben zu reifen in den Gott hinein, der immer größer ist, als es der Glaubende bisher wusste oder ahnte. Deshalb entlarvt sie es als einen verhängnisvollen Irrweg, aus einem für den Glauben tödlich erscheinenden ‚Säkularismus' in die Geborgenheit eines ausdrücklichen ‚religiösen' und sich abgrenzen und sichern wollenden kirchlichen Lebens zu fliehen, und will den Glaubenden die Augen dafür öffnen, dass alles auch in dem profansten Leben von der Wirklichkeit Gottes und seiner Liebe durchdrungen ist und als Geschehen des Heiles erkannt und ergriffen werden kann. Deshalb mündet diese Rede von Gott immer wieder in der Verheißung und Aufforderung, ihn im Leben und Bestehen des Alltags zu finden, und schreckt nicht davor zurück, im Blick auf Jesus auch immer wieder vom Tod zu reden als jenem Endpunkt, auf den unsere irdische Alltagswirklichkeit ausgerichtet ist und in dem sich endgültig Zeit in Ewigkeit verwandeln wird."*[170]

Dabei ist Gottes Geist als „Helfer-Geist"[171] unsere größte Gebetshilfe. Bei der Frage des Gebetes komme ich zum letzten Mal auf Karl Rahner als eminent wichtigen theologischen Impulsgeber zurück, der noch in seinem – schon mehrfach erwähnten – letzten öffentlichen Vortrag im Februar 1984 warnte: „*Wir halten uns zu sehr in der Rede über die Sache auf und vergessen bei all dieser Rede die beredete Sache selber.*"[172]

Jahrzehnte zuvor hat er vor Priestern den Glauben in einer Weise ausgelegt, wie er für jeden wachen Christen gültig ist. Auffällig dabei ist, wie sehr er immer wieder mit Nachdruck auf das existentielle Beten insistiert, ohne welches die Theologie Gefahr läuft, mit einer intellektuellen Spielerei verwechselt zu werden. „*Solcher Glaube, der die Gnade ist, die Gott selber ist, und die Tat des ganzen Menschen, die außerhalb ihrer nichts mehr hat, von woher er bestimmt und aufgebaut werden könnte, kann nur vom Betenden getan werden. Denn nur darin ist der ganze Mensch da und unmittelbar vor Gott ... Aber der Priester muss der betende Priester sein, wenn er der Glaubende und der Bote des Glaubens sein will. Wo seine Theologie nicht insofern wenigstens eine ‚kniende Theologie' wäre, als sie die Theologie eines Beters ist, wo sie statt dessen in einen intellektualistischen Betrieb entarten würde, dem es nur um die Probleme als solche geht, die man fast sadistisch der Kirche vorhält, statt sich selber ernsthaft um eine Lösung zu bemühen, da würde eine solche Theologie aufhören, Theologie zu sein, und zu spätbourgeoiser unverbindlicher Wichtigtuerei entarten. Wir müssen Priester sein, die beten, die betend die Finsternis des Lebens aushalten, selbst wenn ihr Gebet Teilnahme an der Ölbergsangst Jesu und am Gebet des Gottverlassenen am Kreuz ist. Nur so werden wir d i e Glaubenden sein können, wie sie heute sein müssen, soll es sie überhaupt noch geben. Jesus hat auch seine Apostel gefragt: ‚Wollt auch ihr gehen?' Auch bei den Aposteln hat er mit dieser äußersten, tödlichen Möglichkeit hart gerechnet. Wundert es uns, wenn auch wir Priester ernsthaft und nicht nur ‚pro forma' so gefragt werden durch unsere Zeit und durch unseren Beruf, der uns nie erlaubt, diese äußerste Frage zu vertagen? Die Gnade Gottes hat damals gewährt, dass auf diese Frage die Antwort gegeben wurde, die den ganzen Glauben des Christentums und auch die letzte Glaubensbegründung enthält: ‚Herr, zu wem sollen wir gehen? Du hast Worte des ewigen Lebens, und wir haben geglaubt und erkannt, dass du der Heilige Gottes bist.' (Joh 6,68 f). Unser Leben als Christen und Priester ist in diesem Satz versammelt."*[173]

Wie kann man, wie soll man heute von Gott sprechen? Wie ‚geht beten'? Man muss es immer wieder üben, täglich neu. Nicht nur in großen und schönen Stunden, sondern auch in der Dürre des Alltags.

„Wenn jemand verzweifelt ist, fragt er sich, warum er überhaupt lebt; wenn jemand gelangweilt ist, fragt er sich, was für einen Sinn sein Leben haben soll. Nur wenn wir sehr glücklich sind, stellen sich derartige Fragen scheinbar gar nicht mehr, sondern beantworten sich von innen her wie von selbst, durch ein Gefühl der Sicherheit und der Geborgenheit im Dasein. Es gibt aber diese Augenblicke, in denen wir uns vergewissern müssen, was es bedeutet, die paar Jahrzehnte unserer Existenz auf dieser Erde zu verbringen, und dann müssen wir wissen, wie wir unser Leben angehen sollen, welche Maßstäbe es gibt, welche Inhalte und welche Ziele am meisten zu beachten sind.[174]

Aber wir glauben nicht allein und darum sind wir auch als Beter nicht allein. Wir glauben innerhalb einer großen Gebetsgemeinschaft. Darum möchte ich abschließend als Einladung – sein Leben mit den eigenen Worten zu beten – einen der schönsten Texte Karl Rahners vorlegen. Ich nenne ihn das Credo Karl Rahners: „*Zuletzt sei eben dieser Glaube selbst nochmals beschworen und gepriesen: Der Glaube unserer Väter und unseres eigenen Lebens, der Glaube, der von Anfang an war und durch die Geschichte der Menschheit und ihres Heiles immer mehr zu sich kam, bis in Jesus Christus Gottes Wort und des Menschen Hören, gemeinte Wirklichkeit und ihre Aussage, Verheißung und Erfüllung ihre absolute Einheit fanden; der Glaube der Kirche, der Glaube, in dem die inwendigste Gnade und das amtlich strenge Wort von außen sich selig begegnen; der Glaube, der ganz einfach ist, weil er das Eine, Ungeheuerlichste sagt, aus dem allein wir doch leben können, dass Gott – Gott ist: Das anzubetende, ewige Geheimnis, das als ebendieses sich selbst in radikalster Unmittelbarkeit uns schenkt, so dass wir diese in der Erfahrung der Gnade in unserer eigenen Existenz greifen und in der Geschichte in Jesus Christus leibhaftig anblicken können; der Glaube, der die höchste Last und die schwebende Leichtigkeit unseres Daseins, Gottes reine Gnade im Vollzug unserer eigensten Freiheit ist; der Glaube, den unser armes Stammeln bekennt und verkündigt, so verkündigt, dass Gott diese Herolde nach seinem endgültigen Wort in Christus trotz der Dummheit der Menschen, der Enge der Geister und Herzen, der Zerteiltheit ihrer Geschichte, nicht mehr endgültig aus seiner Wahrheit herausfallen lässt; der liebende Glaube, der uns rechtfertigt, der uns die Kraft des Lebens und die Zuversicht des Sterbens sein soll; der Glaube, der dort noch gesiegt haben kann, wo man meint, nicht zu glauben; der Glaube, der nie uns so gegeben ist, dass wir nicht täglich neu in Anfechtung und Gebet ihn uns erbeten müssten, weil er ewig Gottes Gnade bleibt, und wir somit, indem wir unseren Glauben bekennen, darin immer demütig gestehen, dass wir von uns allein aus feige, schwache, blinde Kleingläubige oder Ungläubige sind.*"[175]

Teilhard de Chardin kommt in seinem theologischen Hauptwerk ebenfalls zu einem beeindruckenden Resümee in Bezug auf den Menschen und seine göttliche Berufung: *„Je mehr der Mensch Mensch wird, desto mehr wird er von dem Bedürfnis, und zwar einem immer ausdrücklicheren, immer geläuterteren, immer unmäßigerem gepackt, anzubeten."*[176]

V.
Kurzformel des Glaubens

Die abschließende „Kurzformel des Glaubens" ist als eine Art *theologischer Vergewisserung* gedacht und mein eigener Versuch, das Wesentliche unseres Glaubens auf jene Zielgruppen hin auszusagen, die offen sind für die Botschaft des Glaubens, jedoch mit den herkömmlichen ‚kirchlichen Sprachspielen' wenig oder nichts (mehr) anfangen können:

1. *Alle Menschen auf dieser Erde sind Geschwister, also Schwestern und Brüder.*
2. *Die Verbundenheit aller Menschen ist eine umfassende, denn wir sind Schwestern und Brüder auf ein und derselben Erde, die unseren Lebensraum bildet.*
3. *Dieser Lebensraum umfasst alles, besonders alle Lebensformen, seien es Pflanzen, Tiere oder eben auch uns Menschen.*
4. *Gegenwart und Zukunft auf unserer Erde hängen wesentlich davon ab, wie wir miteinander und untereinander umgehen, ob und wie wir unseren Lebensraum achten, erhalten, pflegen.*
5. *Zu allen Zeiten und an allen Orten haben viele Menschen die Erfahrung gemacht, dass ihre Existenz eine verdankte Existenz ist. Ihre Erfahrungen und Ahnungen finden sich in vielfältiger Weise in dem ausgedrückt, was wir als Religion bezeichnen. Trauer und Freude finden sich dort ebenso wie Klage und Hoffnung.*
6. *Der christliche Glauben, der seine Wurzeln in den Erfahrungen des jüdischen Volkes hat und besonders in dem, was uns Jesus, der „Mann aus Nazareth", vorgelebt und gelehrt hat,*

steht dafür, dass alle Menschen deshalb Geschwister sind, weil sie in DEM, den wir GOTT nennen, gründen.
7. *Christinnen und Christen glauben daran, dass eine absolute, mütterliche und väterliche Liebe alle Menschen meint und befähigt, Gutes zu tun, die Wahrheit zu suchen und eine Hoffnung auf Lebensfülle zu verwirklichen.*
8. *Sie glauben daran, dass Menschen Gutes tun und die Wahrheit suchen und finden, auch jene, die sich nicht als gläubig bezeichnen. Diese ‚katholische', umfassende Sicht von der Welt und vom Menschen glaubt dies deshalb, weil für sie Gott „alles in allem ist". Seine Berufung hat universelle Geltung.*
9. *Daraus erwächst eine weltumspannende Solidarität, die sich in Glaube, Hoffnung und Liebe tätig verwirklicht und die den Traum wachhält, dass Gott eines Tages „alle Tränen vom Gesicht abwischen wird".*
10. *Diese Hoffnung ist keine Schwärmerei. Sie beginnt im Hier und Heute, im Handeln jedes Einzelnen. Sie verwirklicht sich dort, wo Menschen sich etwas zutrauen und sich gegenseitig vertrauen, wo sie sich in Liebe zuwenden und einander verzeihen; dort, wo geschwisterliche Liebe das Leben feiert.*

Abschließen möchte ich meine Überlegungen mit einer „Kurzformel des Glaubens" von Eugen Drewermann. In diesen Aussagen scheint vieles von dem auf, was man auch die „Unterscheidung der Geister" nennt: die ignatianische Indifferenz, das Wissen um das „Je-größer-Sein Gottes" und das „Gottfinden in allen Dingen". Diese wichtigen geistlichen Hilfen sind geradezu überlebenswichtig in unserer oft orientierungslosen Zeit und Gesellschaft.

„Schließe niemanden aus, denn alle sind Suchende, und du selber warst ein Ausgeschlossener, ehe Gott dich fand."

„Verurteile niemanden, denn was weißt du vom anderen, und du selber warst ein Verurteilter, ehe Gott dich lehrte, an Vergebung zu glauben."

„Suche in jedem Menschen das Bild seines Wesens wiederzufinden, denn du selber warst wie verloren, eh Gott dich rief und erlöste."[177]

Anmerkungen

1 Eugen Drewermann, „Psychoanalyse und Moraltheologie", Mainz 1990, Band III, S. 19 (auch in „Das Wichtigste im Leben", Ostfildern 2015, S. 114).
2 Karl Rahner, „Grundkurs des Glaubens" SW Band 26, S. 51 (in der Ausgabe von 1984 „Grundkurs des Glaubens", Freiburg-Basel-Wien, S. 57f.).
3 Karl Rahner SJ (* 5. März 1904 in Freiburg im Breisgau; † 30. März 1984 in Innsbruck) war ein deutscher katholischer Theologe, der für die Theologie des 20. Jahrhunderts eine herausragende Stellung einnimmt. Über Karl Rahner kann man sich rasch im Internet einen ersten Überblick verschaffen. Als einführende Werke zu Person und Werk Karl Rahners sind zu nennen: Herbert Vorgrimler, „Karl Rahner verstehen", Freiburg-Basel-Wien 1985; Herbert Vorgrimler, „Karl Rahner – Sehnsucht nach dem geheimnisvollen Gott", Freiburg-Basel-Wien 1990; Herbert Vorgrimler, „Karl Rahner – Gotteserfahrung in Leben und Denken", Darmstadt 2004; Karl-Heinz Weger, „Karl Rahner – Eine Einführung in sein theologisches Denken", Freiburg-Basel-Wien 1978; Michael Schulz, „Karl Rahner begegnen", Augsburg 1999; Raffelt/Verweyen, „Karl Rahner", München 1997; Bernd Jochen Hilberath, „Karl Rahner", Mainz 1995.
4 Nachfolgende Informationen können leicht im Internet nachgelesen werden. Weil Hans Urs von Balthasar heute nur noch relativ wenigen Menschen bekannt ist, seien hier einige der wichtigsten Lebensdaten von ihm kurz aufgeführt. Hans Urs von Balthasar (* 12. August 1905 in Luzern; † 26. Juni 1988 in Basel) war ein Schweizer. Er war römisch-katholischer Priester und Theologe und entstammte einer alten Luzerner Patrizierfamilie. Hans Urs von Balthasar wird zu den bedeutenden katholisch-theologischen Autoren des 20. Jahrhunderts gerechnet. Eine kurze Einführung in sein umfangreiches Werk bieten u. a. Werner Löser, „Kleine Hinführung zu Hans Urs von Balthasar", Freiburg-Basel-Wien 2005; Michael Schulz, „Hans Urs von Balthasar begegnen", Augsburg 2002; ausführlicher beschäftigen sich mit Werk und Person Balthasars: „Hans Urs von Balthasar – Gestalt und Werk", herausgegeben von Karl Lehmann und Walter Kasper, Köln 1989 und Elio Guerriero, „Hans Urs von Balthasar – Eine Monographie", Einsiedeln-Freiburg 1993.
5 Bei Letztgenanntem sei die Anmerkung bzw. Differenzierung gestattet, dass ich die Glaubensbegründung in seinem kaum noch

überschaubaren Werk sehr schätzen gelernt habe. Drewermanns Pauschalverurteilung der Kirche und auch seine generell abwertenden Äußerungen seinen Theologenkollegen gegenüber werden dagegen von mir abgelehnt. Es ist eine gewisse Tragik über Person und Werk Drewermanns zu konstatieren: Viele seiner Impulse sind heute buchstäblich not-wendig. Leider scheint es keine Brücke (mehr) zu geben zwischen Eugen Drewermann und der kirchlichen Theologie. Dabei wäre diese so wichtig, denn die Sorge, dass Stimme und Anliegen von Kirche und Glauben immer leiser und immer weniger gehört werden in unserer Zeit, bis sie vielleicht eines Tages ganz verschwunden sind, teilt Eugen Drewermann sicherlich, wenn auch mit einer ganz eigenen Akzentuierung, wenn ich beispielsweise an seine Absetzbewegung von der Kirche und gleichzeitig sein unaufhörliches Insistieren auf das Anliegen des Mannes aus Nazareth denke. Nur so ist der Umfang seines Werkes erklärbar, aber auch der Inhalt solcher Werke wie „Wendepunkte". Für diese Distanz und Entfremdung sehe ich übrigens wesentlich tiefere und andere Gründe als theologische Meinungsverschiedenheiten! Denn auch Drewermann weiß, dass die Botschaft des Mannes aus Nazareth zuerst und zuletzt eine kirchliche ist, denn ohne Kirche wäre sie im „Flugsand der Geschichte" (Henri de Lubac in „2 Plädoyers – Hans Urs von Balthasar: Warum ich noch ein Christ bin/ Joseph Ratzinger: Warum ich noch in der Kirche bin", München 1971, S. 68f.) untergegangen.

6 Seiner Theologie verdanke ich sehr viel. Ich denke, dass viele Impulse Karl Rahners, wenn sie denn von der Kirche (endlich!) mutig und entschlossen aufgegriffen würden – man denke an Karl Rahners Büchlein „Strukturwandel der Kirche als Aufgabe und Chance"! –, neue Aufbrüche bewirken könnten. An dieser Stelle sei noch ein Hinweis auf einen Aufsatz Karl Rahners gegeben, der den Titel trägt: „Der Glaube des Priesters – heute". Er stammt aus dem Jahre 1967 (!) und steht in „Knechte Christi", Freiburg-Basel-Wien 1967, S. 13–44. In diesem Aufsatz geht es um das Selbstverständnis des Priesters – und Christen – heute! In ihm steckt nicht nur ein wunderbares Glaubensbekenntnis Karl Rahners (S. 35ff.), in ihm geht es um eine „Glaubensrechenschaft in intellektueller Redlichkeit", die an Aktualität nichts eingebüßt hat, ganz im Gegenteil. Es sei mir das Bekenntnis gestattet, dass ich diesen Aufsatz immer und immer wieder gelesen habe. Stets fand ich eine Stärkung und Bereicherung für meinen Glauben!

7 Für viele Menschen heute ist der badische Schriftsteller ein Unbekannter. Das ist insofern doppelt tragisch, als sein Werk das Thema Tragik und Glauben zentral in den Mittelpunkt rückt und weil ich glaube, dass die Glaubensverkündigung ohne diese Thematik

heute gar nicht auskommt: Vieles im Leben ist tragisch. Und ein Glaube, der sich diesem ‚Befund' nicht stellt, wird für die Wirklichkeit zunehmend irrelevant. Darum seien einige kurze Striche zur Person und zum Werk Reinhold Schneiders gezeichnet. Reinhold Schneider wurde am 13. Mai 1903 in Baden-Baden geboren. Sein gesamtes Werk steht im Zeichen großer Widersprüche und Gegensätze. Eine kleine Auswahl der Titel seiner Bücher kann dies andeuten: „Macht und Gnade", „Schicksal und Landschaft", „Untergang und Vollendung", „Pfeiler im Strom". Gerade das letztgenannte Buch – es wurde von Schneider zu Lebzeiten sehr bewusst zusammengestellt, konnte jedoch erst nach seinem Tode herausgebracht werden – macht die große Breite der Themen im Werk Reinhold Schneiders deutlich. Oft waren es Themen der Tragik, der Schuld, der Suche nach Erlösung. Schneiders Sonette, die im Krieg für zahlreiche Menschen Kraftquelle waren inmitten der unbeschreiblichen Tragödien, bezeugen die literarische Gestaltung der Tragik auf besonders eindrucksvolle Weise. Sie war im letzten Ausdruck eines Lebensgefühls, das in den autobiografischen Werken „Der Balkon", „Verhüllter Tag" und besonders in seinem letzten Werk, „Winter in Wien", auch existentiell in hohem Grade er- und durchlebt wurde. Reinhold Schneider starb mit nicht einmal 55 Jahren in Freiburg im Breisgau. Für viele seiner Freunde und Weggefährten kam sein Tod viel zu früh. Mit einer gewissen zeitlichen Distanz könnte man vielleicht aber auch sagen: Reinhold Schneider war ein schon sehr früh Vollendeter. Einen guten Überblick bieten: Hans Urs von Balthasar, „Nochmals Reinhold Schneider", Einsiedeln-Freiburg 1991; „Reinhold Schneider – Texte eines radikalen Christen", herausgegeben von Michael Albus, Freiburg-Basel-Wien 2008; Ingo Zimmermann, „Reinhold Schneider – Weg eines Schriftstellers", Stuttgart 1983; Karl-Wilhelm Reddemann, „Der Christ vor einer zertrümmerten Welt", Freiburg-Basel-Wien 1978; Schneiders Autobiografie „Verhüllter Tag", Köln-Olten 1954.

8 Davon geben insbesondere die autobiografischen Aufzeichnungen aus seiner letzten Lebensphase ein beredtes Zeugnis, u. a. „Der Balkon", „Verhüllter Tag" und sein letztes Werk, „Winter in Wien".

9 Zu Person und Werk Eugen Drewermanns kann man viele Details leicht im Internet nachlesen, von daher möchte ich nur sehr kurz darauf eingehen. Eugen Drewermann gilt heute als einer der produktivsten Denker. Als katholischer Theologe, der am 20. Juni 1940 in einem Bergarbeiterdorf geboren wurde, machte er schnell auf sich aufmerksam mit seiner großen Studie „Strukturen des Bösen". Allerdings kam er auch sehr schnell mit der Kirche in Konflikt, deren Strukturen er massiv kritisierte, u. a. in seinem Buch „Kleriker". Über Drewermann gibt es eine lesenswerte Biografie

von Matthias Beier, „Eugen Drewermann – Die Biografie", Ostfildern 2017, ein „Eugen Drewermann-Lesebuch (herausgegeben von Jörg Fündling und Heribert Körlings, Düsseldorf 2009, eine Einführung von Matthias Beier, „Gott ohne Angst – Eine Einführung in das Denken Eugen Drewermanns", Mannheim 2010. Immer noch sehr empfehlenswert ist sein Hauptwerk „Strukturen des Bösen", I–III, Paderborn 1978.

10 Eugen Drewermann, „Das Wichtigste im Leben", Ostfildern 2015, S. 64ff.; ursprünglich aus Eugen Drewermann, „Jesus von Nazareth", 32f.

11 Ebd., S. 66.

12 Alexander von Schönburg, „Weltgeschichte to go" Hamburg, 2017, S. 103ff.

13 „Sie gaben Zeugnis", herausgegeben von Anton Gundlach, München 1958, S. 93f.

14 Hans Urs von Balthasar, „Das Christentum und die Weltreligionen – Ein Durchblick", Freiburg 1989, S. 15f.

15 Ohne dass ich es hier ausführlich begründen kann, möchte ich zunächst nur das wiederholen, was ich bei einer Gastvorlesung in Innsbruck im Februar 2016 als These vortrug und was eigentlich auch den Inhalt meines Buches „Im Geheimnis leben – Zum Wagnis des Glaubens in der Spur Karl Rahners ermutigen", Würzburg 2013 ausmacht: Ohne eine wirkliche, lebensweltorientierte Pastoral, in deren Mittelpunkt eine Spiritualität der Mystagogie, der ‚Einweisung' in das uns tragende, liebende göttliche Geheimnis steht, wird Glaubensvermittlung heute und morgen kaum (noch) erfolgen können.

16 Ich komme darauf später noch zurück und möchte hier nur schon vorgreifend anmerken, dass ich mir heutige Lösungsversuche bei der Vermittlung des Glaubens nicht ohne die hilfreichen Antworten von ‚gestern' denken kann. Z. B. hat Kardinal Lehmann recht, dass uns schon deshalb das große Werk Karl Rahners in Gänze zu entgleiten droht, weil dessen Voraussetzungen immer weniger bekannt sind. Die große Bedeutung der Herausgabe der Sämtlichen Werke Karl Rahners kann vor diesem Hintergrund nur ansatzweise erahnt werden! Analog kann man solche und ähnliche Aussagen auch auf das Werk Hans Urs von Balthasars beziehen.

17 Wenn ich recht sehe, werden die Erfahrungen, die die Kirche unter gesellschaftlichen Bedingungen des „real existierenden Sozialismus" gemacht hat, noch zu wenig bedacht und für die Verkündigung fruchtbar gemacht. Dabei wäre dies schon deshalb so bedeutsam, weil der theoretische Materialismus marxistisch-leninistischer Prägung, der es als „unwissenschaftlich" abqualifizierte, sich mit religiösen Fragen und Problemen überhaupt zu befassen, heute

in einem neuen ‚Outfit', aber mit demselben Pathos und Überlegenheitsgefühl daherkommt. Ich denke z.B. daran, dass man per se Fragen für unzulässig erklärt, die das Ganze des Seins und des Menschen betreffen, nur weil man kein eindeutiges Kriterium der Bewertung, des Messens und Wägens anzugeben vermag. Als ob dies dort, wo es um „alles oder nichts" geht, uns begrenzten Menschen überhaupt möglich wäre! Oder überall dort, wo die Freiheit lediglich als „ideologischer Überbau", als Illusion, als „abgeleitete Funktion" von rein materiellen Prozessen de facto weg-erklärt wird bis hin zum Vokabular des neuen Biologismus, nach dem Gene und Meme die grundlegenden Bestandteile unserer Wirklichkeit sind und das, was wir als Ich, als Identität bezeichnen, nichts weiter ist als ein schöner Schein der Selbsttäuschung, den sich die „Vehikel der Gene" geben müssen, um ihren Status überhaupt zu ertragen. Der Erfolg von Dawkins „Gotteswahn" lässt sich doch kaum anders als durch dieses ‚wissenschaftliche Vorurteil' erklären. Mir geht in diesem Zusammenhang eine Passage nicht aus dem Sinn, die ich jüngst im Buch „Weltgeschichte to go" von Alexander von Schönburg fand: „Es ist bereits möglich, dass Computer elektrische Signale des menschlichen Gehirns lesen und verarbeiten und so zum Beispiel Roboterhände steuern. Der nächste Schritt wird es sein, Gehirne miteinander zu vernetzen. Man wird Gehirne auf Festplatten runterladen und diese an Laptops anschließen können." Harari fragt: „Was passiert mit dem menschlichen Gedächtnis, dem menschlichen Bewusstsein und der menschlichen Identität, wenn das Gehirn unmittelbaren Zugang zum grenzenlosen kollektiven Gedächtnis der Menschheit hat? Ein solcher Cyborg wäre kein Mensch mehr und nicht einmal mehr ein Organismus. Er wäre etwas völlig Neues" (Alexander von Schönburg, „Weltgeschichte to go", S. 165). Vergessen bzw. übersehen wird bei all dem eine ganz einfache Tatsache, dass nämlich diese Reduktionen menschlichen Geistes eben durch diesen selbst vorgenommen werden, der sich also selbst in seiner Selbstabschaffung als solcher betätigt und sich damit in einem nicht auflösbaren Grundwiderspruch befindet!

18 Joseph Ratzinger, „Einführung in das Christentum", 10. Auflage, München 2011, S. 83.
19 In gewisser Weise ist dies ein ‚schwammiges', unpräzises Vokabular, denn *Gemeinden sind auch Orte kirchlichen Lebens,* während diese im herkömmlichen Verständnis *Teil* von Gemeinde sind. Begrifflich müsste auch noch klarer das Zueinander von *christlich* und *kirchlich* herausgearbeitet werden. Einstweilen mag hier genügen, dass nach christ-katholischem Verständnis alles Christliche immer einen Bezug zum Kirchlichen hat, weil Kirche ohne Christus nicht denkbar ist und in besonderer Weise – „real-symbolisch" – die Christus-

wirklichkeit vermittelt und bezeugt, unbeschadet der Tatsache, dass „Gottes Geist wirkt, wo er will". Karl Rahner sprach in diesem Zusammenhang von der *inkarnatorischen Tendenz der Gnadenvermittlung,* von Christus als dem *Ursakrament* und von Kirche als dem *Grundsakrament* des allgemeinen, wirksamen Heilswillens Gottes.

20 Gaben, Charismen hat Gott uns Menschen geschenkt. So, wie es verschiedene Menschen gibt, gibt es auch verschiedene Gnadengaben. Niemand hat und kann alles. Niemand hat und kann nichts! Und alle Charismen sind auf Gemeinschaft, auf deren Aufbau und Gestaltung hin orientiert.

21 Es geht um einen Paradigmenwechsel: Weg von einer defizitorientierten Pastoral, die oft lähmend wirkt, hin zu einer ressourcenorientierten Pastoral, die offen ist für Neues, ohne Bewährtes verächtlich zu behandeln oder zu ignorieren.

22 Karl Rahner, „Handbuch der Pastoraltheologie" IV, Freiburg-Basel-Wien 1972, Stichwort: „Demokratisierung der Kirche", S. 753ff.

23 Hubert/Siebenrock, „Universales Sakrament des Heils", ZKTh, 2012, Heft 3, S. 341.

24 Gemeint sind damit Behauptungen z. B. einer „objektiven Evidenz" der Jesusgestalt oder Aussagen wie „ ... diese ‚Figur' hat die Evidenz eines Summums an sich. Nein, etwas Größeres kann nicht gedacht werden. Das wird verstanden." – Vgl. Balthasar – Lesebuch „In der Fülle des Glaubens", Freiburg-Basel-Wien 1980, S. 132f.

25 Besonders aufschlussreich sind in dieser Hinsicht Balthasars Werke „Die Gotteserfahrung des heutigen Menschen" und „Schleifung der Bastionen". Auf beide Werke werde ich noch gesondert eingehen. Zu ihnen hatte der ‚späte' Balthasar ein eher distanziertes Verhältnis.

26 „2 Plädoyers – Hans Urs von Balthasar: ‚Warum ich noch ein Christ bin'/Joseph Ratzinger, ‚Warum ich noch in der Kirche bin' ", 2. Auflage, München 1971, S. 28.

27 Ebd., S. 34.

28 Ebd., S. 51.

29 Hans Urs von Balthasar, „Epilog", Einsiedeln-Trier 1987, S. 8.

30 Hans Urs von Balthasar in „Mut zur Tugend", Freiburg-Basel-Wien, 1979 – hier der Aufsatz „Herr, dass ich sehe! – Über das Schauvermögen der Christen", S. 213ff., zitiert S. 222–226.

31 Balthasar war und ist seit meiner Jugendzeit für mich Gesprächspartner. Seine „Klarstellungen", überhaupt seine Kleinschriften, wie „Kleine Fibel für verunsicherte Laien", „Credo" oder „Der antirömische Affekt" sind mir seit vielen Jahren vertraut. Sein Hauptwerk, die großangelegte Trilogie „Herrlichkeit – Theodramatik – Theologik" breitet nicht nur den Reichtum der

christlichen Botschaft aus, sondern bezieht Geschichte, Kunst und Kultur in vollumfänglichem Maße mit ein. Ich kenne beispielsweise keine präzisere und tiefere Klärung dessen, worum es im Marxismus wirklich geht, als jene von Hans Urs von Balthasar, die mir immer wieder Orientierung im gesellschaftlichen Diskurs ist: „Aber die Frage kann nicht unterdrückt werden: wer ist schließlich das Subjekt dieses realen, materiellen Prozesses? Kein unbewusster, absoluter Geist, wie bei Hegel ... Aber auch der Mensch nicht, der ja aus Not jenen Arbeitsprozess beginnt, der ihn in noch größere Not hineinführt, um ihn erst zuletzt zu erlösen. Wer also? Marx hat zu philosophieren aufgehört, als er Hegel entsagte; so wird die Sinnfrage im Ganzen nie mehr gestellt. Das Faktum, dass der Mensch ist, genügt. Dies Faktum selber erhellt kein Licht. So kann den Prozess schließlich nur eine absolute Notwendigkeit führen. Weder Gott noch Mensch, sondern die Logik der Sache, des Kapitals, dirigiert die Geschichte" („Im Raum der Metaphysik", S. 926f.). Wenn es schwierig und dramatisch wird und man bei all den Fragen um Glaube, Religion, Heil und Erlösung Gefahr läuft, den Überblick und den tragenden Grund zu verlieren und – sozusagen – „den Wald vor lauter Bäumen nicht sieht", dann hilft mir – obwohl ich weiß, wie problematisch auch solche ‚Überblicke' sind bzw. sein können – ein Blick in Balthasars „In Gottes Einsatz leben", in dem all die modernen Herausforderungen aufgenommen – und als zu leicht befunden worden sind: „Es findet wie ein Wettlauf statt, wer wirksamer und tiefer diese Freiheit verstehen und durchsetzen kann. Der Atheismus ist ganz mit diesem Thema beschäftigt: Befreiung der Vernunft von den Fesseln des Glaubens (Aufklärung), Befreiung des wirtschaftlich versklavten Menschen zu menschenwürdiger Arbeit (Marx), Befreiung des Individuums von den Ketten seiner unbewältigten Vergangenheit (Freud), Befreiung der gesamten Menschheit vom Alpdruck eines nicht mehr geglaubten, als Leiche in der Weltgeschichte mitgeschleppten Begriffes Gott (Nietzsche)" („In Gottes Einsatz leben", Einsiedeln 1971, S. 14). „Dort erübrigt sich auch die Angst vor der Provokation durch atheistische Freiheitsentwürfe. Denn sie alle stehen schließlich mit den Christen zusammen in der gleichen Provokation durch die Weltwirklichkeit selbst ... und können ihr nur mit einer diese Wirklichkeit transzendierenden Utopie begegnen. Nie wird innerweltlich das Herr-Knecht-Verhältnis völlig aufhebbar sein (Marx), nie wird der Mensch seinen Ursprung völlig einholen und verarbeiten (Freud), nie wird er als ‚Übermensch' der vollkommen Schenkende, sich niemandem Verdankende sein (Nietzsche). Nie wird in dieser Welt der Mensch den wahrhaft freien ‚homo absconditus' (Bloch) aus sich selber herauszaubern oder eine aggressionslose Natur (Marcuse) konstruieren können. Der christliche Freiheitsentwurf ist doch größer als alle diese Entwürfe, da er die Freiheit zum Tode nicht nur (mit der Stoa und Buddha) einholt, sondern sie überholt im freien Glauben Christi, dass Gott ihn, den ganzen Menschen – mit seinen Brüdern, mit Geschichte und Kosmos – ins Heile heben wird am ‚dritten Tag'" (ebd., S. 114).

32 „Zeitschrift für katholische Theologie", 134. Band/2012/Heft 3, Würzburg – Rudolf Hubert/Roman A. Siebenrock, „Universales Sakrament des Heils", S. 324–343.

33 Bezeichnend ist der Titel des Ersten Bandes der Trilogie Hans Urs von Balthasars, „Schau der Gestalt", Einsiedeln-Trier 1961.

34 Hans Urs von Balthasar hat zum Ende seines Lebens hin wohl wesentlich skeptischer gedacht als in manchen seiner Texte, die von einer „objektiven Evidenz" sprechen. In seiner konzentriertesten Zusammenfassung seines Werkes, im „Epilog" seiner Trilogie, gleich zu Beginn (S. 8), äußerte Balthasar sich zum ‚Erfolg' pastoraler Bemühungen in einem auch sprachlich bewegenden Vergleich sehr zurückhaltend in Bezug auf die Glaubensweitergabe: „Mehr als eine ins Meer geworfene Flasche kann und will dieses kleine Stück nicht sein; dass sie irgendwo landet und einer sie findet, wäre ein Wunder. Aber zuweilen geschehen auch solche." Auffallend ähnlich in der Bewertung scheint auf den ersten Blick Karl Rahner zu sein, der seine vergleichbare „Meditation über das Wort ‚Gott'" sicher auch nicht rein zufällig in seinen „Durchblick" durch sein Werk, in den „Grundkurs des Glaubens", aufgenommen hat. Ein ‚zweiter Blick' allerdings macht rasch die Unterschiedlichkeit in der Bewertung deutlich: Für von Balthasar ist es ein „Wunder", wenn aus der Masse der Menschen jemand tatsächlich zum Glauben findet. Rahners Meditation indes endet mit den beiden Zwischenüberschriften *Das Wort „Gott" bleibt* und *Das uns aufgegebene ursprüngliche Wort*. Und sie endet mit den Worten: *„Diese Entschlossenheit auf das Geschick hin heißt eigentlich ‚Liebe zum zugesagten Wort', d. h. zu jenem fatum, das unser Schicksal ist. Nur diese Liebe zum Notwendigen befreit unsere Freiheit. Dieses fatum ist im letzten das Wort ‚Gott'"*. Rahner thematisiert also hier, dass für jeden Menschen gilt: Nur durch die Zuwendung Gottes, in der Liebe zu ihm und durch seine Liebe, kommen wir zur „Freiheit der Kinder Gottes". Rahners Gnadentheologie, dass Gott das Heil aller Menschen will, dass er „unserem Tun mit seiner Gnade zuvorkommt" (Gespräch Rahner–Zulehner) setzt sich auch hier durch!

35 Aus dem Balthasar-Lesebuch „In der Fülle des Glaubens", Freiburg-Basel-Wien 1980, S. 133; ursprünglich aus „Spiritus Creator", S. 63–66.

36 Es gibt auch andere Texte bei von Balthasar, der mir darum im Blick auf das Glaubenssubjekt nicht kohärent in seinem Denken zu sein scheint. Etwa, wenn er zum Beispiel in seiner „Gottesfrage" („Die Gottesfrage des heutigen Menschen" aus dem Jahr 1956; sie wurde vor wenigen Jahren neu aufgelegt) – die er wie ein „ungeliebtes Kind" behandelt hat – ganz selbstverständlich von der „Ungegenständlichkeit Gottes" spricht (S. 167) und diesen Begriff in „Cordula" („Cordula oder der Ernstfall" aus dem Jahr 1966, S. 112) mit beißendem Spott überzieht. Das Schwanken Balthasars gegenüber seiner „Gottesfrage", zu deren Neuherausgabe ihn sowohl Lehmann als auch Henrici immer wieder drängten, die er zusagte und zu der er dann selber doch nicht mehr kam, deutet ein ähnliches Ringen um eine angemessene Glaubensvermittlung an wie in der Auseinandersetzung mit Reinhold Schneider. Der starken Betonung der „Schau der Gestalt" kann man nämlich einen Text aus Balthasars „Gottesfrage" entgegensetzen, der diesen inneren Zwiespalt eindrucksvoll belegt: „Wir nisten uns im Anschaulichen ein ... Ist es nicht an der Zeit, dass Gott uns wieder einmal das Antlitz seiner Unendlichkeit, seines Ganzandersseins zukehrt? Wer, wenn nicht die von diesem Ganzandersseins Gottes im Innersten ergriffenen Christen werden hinreichend sein, den heutigen Atheisten ihre eigene Daseinserfahrung ohne Kurzschlüsse zu deuten? Es dürfte auch nicht *so sein, dass die Christen den Satz von der Unbegreiflichkeit Gottes wie einen zwar besessenen, aber im Schrank vergessenen und ad hoc hervorgeholten und abgestaubten Gegenstand handhaben ..."* – Hans Urs von Balthasar, „Die Gottesfrage des heutigen Menschen", Wien-München 1956, S. 148f. – Ich werde auf diesen Text Balthasars am Ende noch einmal direkt zu sprechen kommen. Wenn es überhaupt kein ‚Vorverständnis' irgendeiner Art gäbe, wenn die Christusgestalt von „nirgendwoher angenähert" werden könnte, wie ist dann überhaupt jene Aussage Balthasars zu verstehen? *„Er würde Gott als Naturwesen im unendlichen Kosmos nicht suchen können, wenn er ihn nicht je schon als Geistwesen gefunden hätte: als seinen Ursprung in der Liebe, deren Anamnesis nie völlig verschüttbar ist"* (aus dem Lesebuch Hans Urs von Balthasars, „In der Fülle des Glaubens", S. 70).
37 Hubert/Siebenrock, „Universales Sakrament des Heils", ZKTh, 2012, Heft 3, S. 341.
38 Ebd.
39 Ebd.
40 Der Titel eines Büchleins von Karl Rahner heißt bezeichnenderweise „Alltägliche Dinge", Einsiedeln 1964. Rahner sprach auch gerne von der „Gnade des Alltags" und überschrieb eines seiner Bücher mit dem Titel „Glaube, der die Erde liebt", Freiburg-Basel-Wien 1966.

41 Karl Rahner, „Erfahrung des Geistes", Freiburg 1977, 2. Auflage, S. 41.
42 Vgl. Nikolaus Schwerdtfeger, „Gnade und Welt", Freiburg-Basel-Wien 1982, S. 180–185.
43 Karl Rahner, „Gebete des Lebens", Freiburg-Basel-Wien 1984, S. 99. – In der Jubiläumsausgabe „Beten mit Karl Rahner", Band 2, ebenfalls 2004, S. 92.
44 Ebd., S. 100f. – In „Beten mit Karl Rahner", Band 2, S. 92f.
45 Ebd., S. 101f. – In „Beten mit Karl Rahner", Band 2, S. 93f.
46 Karl Rahner, „Schriften zur Theologie", Band 14, Zürich-Einsiedeln-Köln 1980, S. 201.
47 Nikolaus Schwerdtfeger, „Gnade und Welt", Freiburg-Basel-Wien 1982, S. 65.
48 Hubert/Siebenrock, „Universales Sakrament des Heils", ZKTh, 2012, Heft 3, S. 340. – Wenn hier nicht stringent gedacht wird, werden leichtfertig Vorurteile tradiert. Damit gerät das Erbe beider großen Theologen des 20. Jahrhunderts nicht nur aus dem Blickfeld, es wird radikal verkannt – zum Schaden für die Kirche und ihren Auftrag für heute und morgen!
49 Die heilsökonomische Trinität ist die immanente und umgekehrt. Karl Rahners trinitätstheologisches Grundaxiom muss bei derlei Gedankengängen immer im Blick behalten werden, denn „für Rahner ist die ungeschaffene Gnade ,der Geist, der vom Vater und vom Sohn ausgeht' ... Der Glaubende ,besitzt' mithin schon in statu viae Gott selbst." – Siehe Nikolaus Schwerdtfeger „Gnade und Welt", Freiburg 1982, S. 150. Dort auch S. 184: „Der Mensch ist zu einem wirklichen Mitvollzug am Leben des Logos im Besitz des Heiligen Geistes und auf den Vater hin berufen" (XI. 396)".
50 Ebd., S. 397f.
51 Aus Karl Rahner, „Beten mit Karl Rahner", Freiburg-Basel-Wien 2004, Band 2; „Gebete des Lebens", S. 107ff. – aus „Gebet um die Hoffnung".
52 Reinhold Schneider, „Winter in Wien", Freiburg-Basel-Wien 1963.
53 Werner Löser, „Kleine Hinführung zur Hans Urs von Balthasar, Freiburg-Basel-Wien 2005.
54 Werner Löser, „Kleine Hinführung zur Hans Urs von Balthasar, Freiburg-Basel-Wien 2005, S. 81.
55 Aus Hans Urs von Balthasar, „Nochmals Reinhold Schneider", Einsiedeln-Freiburg 1991, S. 294f.
56 Schneider geht es um die unendlichen Weiten in Raum und Zeit. Sicher kann diese Metapher in seinem Sinn auch existentiell ausgeweitet bzw. verstanden werden.
57 Ebd., S. 294f.

58 „Widerruf oder Vollendung" – Reinhold Schneiders „Winter in Wien" in der Diskussion, Freiburg-Basel-Wien 1981, der Beitrag von Klaus Hemmerle, S. 95.
59 Reinhold Schneider, „Winter in Wien", Freiburg-Basel-Wien 1963, S. 216f. – Dies erinnert mich auch an die Entstehung von Schneiders Autobiografie „Verhüllter Tag". Sie erschien 1954, nur ein Jahr nach der großen Monografie von Hans Urs von Balthasar über Reinhold Schneider. Dieser schätzte das Werk Balthasars und dessen Buch über ihn sehr, ebenso sein Freund Werner Bergengruen und der elsässische Prälat Karl Pfleger, der als ausgezeichneter Kenner und Interpret des Werkes von Reinhold Schneider gilt. (Hierzu nur das Buch Pflegers, „Kundschafter der Existenztiefe"). Dennoch – oder sollte man sagen gerade deswegen, weil Schneider sich nicht in eine Kategorie ‚einpassen' lassen wollte, schrieb er quasi seine ‚Klarstellungen' in „Verhüllter Tag". Vgl. Ingo Zimmermann, „Reinhold Schneider – Weg eines Schriftstellers", Berlin 1983, S. 172f.
60 Wolfgang Treitler, „Gotteswort im Menschenwort", Innsbruck-Wien 1992.
61 Ders., „Karfreitag", Innsbruck-Wien S. 190.
62 Treitler beschränkt sich auf den ästhetischen Bereich. Gleichwohl deutet er an, dass diese Charakterisierung nicht nur diesen Bereich betrifft (ebd.).
63 Ralf Miggelbrink, „Ekstatische Gottesliebe im tätigen Weltbezug", Altenberge 1989.
64 Ebd., S. 288.
65 Unter Modus verstehe ich in diesem Zusammenhang das Sich-Verhalten zum Leben und im Leben.
66 Karl Rahner hat einmal gesagt, dass das Problem des Leides, der Not, des Bösen eigentlich nur für den Gläubigen ein Problem sein kann, der diese ‚Welterfahrung' zusammenbringen muss mit seinem Bild von Gott, das von Güte, Allmacht und Barmherzigkeit gezeichnet ist. Für Agnostiker gibt es dieses Problem nicht und für Materialisten – wenn sie sich ernst nehmen – kann dies alles nur wie eine Welle im Ozean sein, ein Kommen und Gehen, eine kosmische „Reibungserscheinung", die nicht für sich in Anspruch nehmen kann, sonderlich ernst genommen zu werden (Karl Rahner, „Mein Problem – Karl Rahner antwortet jungen Menschen", Freiburg-Basel-Wien 1984, S. 134).
67 Karl Rahner, „Das große Kirchenjahr", S. 276f., Leipzig 1990.
68 Herlinde Pissarek-Hudelist in „Theologie aus Erfahrung der Gnade", Berlin-Hildesheim 1994, S. 160.
69 Ralf Miggelbrink, „Ekstatische Gottesliebe im tätigen Weltbezug", Altenberge 1989.
70 Ebd., S. 277.

71 „Mut zur Tugend", Freiburg-Basel-Wien, 1979 – Karl Rahner, „Die Spannungen austragen zwischen Leben und Denken – Plädoyer für eine namenlose Tugend", S. 11ff., zitiert S. 16–18.
72 Ralf Miggelbrink, „Ekstatische Gottesliebe im tätigen Weltbezug", Altenberge 1989, S. 202–212.
73 Ebd., S. 208f.
74 Es handelt sich um das erste Buch von Karl Pfleger, das von den Nazis sogleich verboten wurde. Sein Titel: „Im Schatten des Kirchturms". In ihm geht es an nicht wenigen Stellen um die Auseinandersetzung mit dem zeitgenössischen Skeptizismus, Positivismus und Agnostizismus. Es ist so recht ein *Dialogbuch*, von dem nicht zuletzt der „Philosoph von Münster", Peter Wust, so beredt Zeugnis abgelegt hat.
75 „Im Schatten des Kirchturms", Paderborn 1951, S. 102ff.
76 Diese ergreifende, fast schon beschwörende Passage findet sich bereits 1949 in Karl Rahners Essay „Passion und Aszese" und spiegelt ausdrucksstark diese sich oft so modern gebende Mentalität in bewegenden Worten wider. In Worten, die in einem packenden Zugriff die gesamte menschliche Geschichte befragen und sie der Angst und der Hybris gleichermaßen überführen! (Karl Rahner, „Schriften zur Theologie III", Einsiedeln-Zürich-Köln 1956, S. 94).
77 Beten mit Karl Rahner, Freiburg-Basel-Wien, 2004, Band 1, „Von der Not und dem Segen des Gebetes" mit einer Einführung von Rudolf Hubert und Roman A. Siebenrock), S. 47ff.
78 Das wird uns oft dann nicht bewusst, wenn wir uns ungerecht und benachteiligt fühlen. Doch alle unsere Möglichkeiten haben wir uns nicht selber gegeben. Ja, selbst das Klagen und Anklagen ist nur möglich, weil wir überhaupt da sind. Dass wir sind – wer kann darüber sich noch wundern? Empfinden wir darüber noch Freude und Dankbarkeit – jenseits der Grenzen von Machen, Können und Wissen? Andreas Batlogg SJ und Peter Suchla haben dies treffend beschrieben in einer Hinführung zu Karl Rahners Karsamstagstheologie: „Unser gewöhnlicher Alltag – lauter Karsamstage! Doch Rahner fügt dieser Aussage noch etwas hinzu, vielleicht, wenn man es richtig bedenkt – eine der schönsten und tröstlichsten Aussagen aus seiner Feder: Wann immer der Alltag uns Leid und Kummer beschert, so ist doch das Schrecklichste, was uns je hätte passieren können, an uns vorbeigegangen, und niemand kann es ändern: Wir s i n d, wir haben den Sprung vom Nichts ins Leben geschafft, es gibt uns wirklich, und kein Tod kann uns dieses Sein jemals wieder nehmen, es bleibt auf immer in Gott bewahrt" (Karl Rahner, „Was Ostern bedeutet", Ostfildern 2017, S. 17).

79 Ebenso wird man sagen müssen, dass Gott auch den Akt des (richtigen und wahren) Schauens trägt.
80 Vielleicht ist dies eines der identitätsstiftenden charakteristischen Merkmale christlichen Glaubens, das ihn von anderen Religionen unterscheidet: Gott schafft tatsächlich Wesen der Freiheit. Karl Rahner drückte dies so aus, dass Abhängigkeit von Gott und wirkliche Freiheit in demselben Maße wachsen! („Weil in der Menschwerdung der Logos die menschliche Wirklichkeit schafft, indem er sie annimmt, und annimmt, indem er *selbst sich* entäußert, darum obwaltet auch hier – und zwar in radikalster, spezifisch einmaliger Weise – das Axiom für alles Verhältnis zwischen Gott und Geschöpf: dass nämlich die Nähe und die Ferne, die Verfügtheit und die Selbstmacht der Kreatur nicht im umgekehrten, sondern im selben Maße wachsen. Darum ist Christus am radikalsten Mensch ... Die Menschheit Christi ist nicht so die ‚Erscheinungsform' Gottes, dass sie der Schein von Leere und Dunst wäre, die keine Eigengültigkeit vor dem Erscheinenden und ihm gegenüber hätte." – Karl Rahner, „Grundkurs des Glaubens", Freiburg-Basel-Wien 1977, S. 224).
81 Ich war unlängst auf einer Fahrradtour der besonderen Art: Wir „Spätjugendlichen" fuhren nach 40 (!) Jahren, anlässlich unserer allererstern Jugendfahrt mit unserem Kaplan, der jetzt Weihbischof in unserem Erzbistum ist, noch einmal eine kleine Etappe auf altbekannter Strecke ab. Dabei schwelgten wir in unseren Erinnerungen und freuten uns, wenn manch einer von uns eine bemerkenswerte Episode von damals zum Besten gab. Es war wunderschön und wir werden solch eine Tour bestimmt bald wiederholen, nicht erst nach weiteren 40 Jahren. Was mich dennoch z. T. erstaunt und irritiert hat, war ein Umstand, der zwar an diesem schönen Abend kaum eine Rolle spielte, der mich aber im Nachhinein umso stärker beschäftigt hat: Die teilweise wenig oder unzureichend reflektierte Glaubenshaltung aus der Jugendzeit war fast unverändert bei einigen Freunden und Bekannten präsent. Wenn denn Glaube und Kirche überhaupt zum Thema gemacht wurden, was eher die Ausnahme war. Zumindest habe ich es so empfunden, so dass ich zu dem Schluss kam: Offensichtlich hat eine Auseinandersetzung um den Glauben entweder nicht wirklich stattgefunden oder es wurde – aus welchen Gründen auch immer – an diesem Abend verschwiegen. Oder aber – und das war ja auch wahrnehmbar – einige Freunde von einst fühlen sich nicht mehr uns zugehörig.
82 „In der Rückfrage nach den fundamentalen Voraussetzungen von Karl Rahners Theorie der ‚anonymen Christen' hat sich als seine theologische Grundüberzeugung herausgeschält, dass jeder Mensch seinshaft und bewusstseinsmäßig durch die universal zumindest angebotene Gnade bestimmt ist. Diese ist freilich nicht, wie sich eben-

falls ergeben hat, eine abstrakte, transzendentale Gnade, sondern sie ist stets konkret-geschichtlich vermittelt, weil sie immer und überall analog die Struktur des Gottmenschen Jesus Christus an sich trägt, in dem sie in unüberbietbar erfüllter und endgültig normierender geschichtlicher Konkretheit erschienen ist." – Nikolaus Schwerdtfeger „Gnade und Welt", Freiburg-Basel-Wien 1982, S. 345.

83 Zumindest nicht in den allermeisten Fällen, denn was ist mit jenen Menschen, die diese „Schau der Gestalt" nicht haben, die glauben möchten, es aber nicht können oder die von dieser ‚Schau' weder berührt noch irritiert werden? Reinhold Schneider erlebte die Wirklichkeit in seinem „Winter in Wien" nicht als „abgerundetes Bild", sondern als „zerplatzende Granate" oder als „rotierende Hölle" („Winter in Wien", Freiburg-Basel-Wien 1963, S. 156).

84 Magnus Striet/Jan-Heiner Tück (Hg.), „Die Kunst Gottes verstehen" – Sammelband zur Ehrung Balthasars anlässlich seines 100. Geburtstages mit einem Geleitwort von Karl Kardinal Lehmann am 12.08.2005, dem 100. Geburtstag Hans Urs von Balthasars.

85 Seitenzahlen werden am Ende in Klammern gesetzt.

86 Nikolaus Schwerdtfeger, „Gnade und Welt", Freiburg-Basel-Wien, 1982, S. 262f.

87 Wolfgang Schneider, „Die Herzenswunde Gottes – Die Theologie des durchbohrten Herzens Jesu als Zugang zu einer spirituellen Theodizeefrage", Berlin 2008.

88 Ebd., S. 410.

89 Karl Rahner, „Im Heute glauben", Sämtliche Werke 14, S. 41.

90 Wolfgang Schneider, a. a. O., S. 433. Vgl. dort auch die Hinweise in Anm. 909.

91 Buchtitel von Karl Rahner.

92 Mir fällt im Zusammenhang von Denken und Reden einerseits und Beten andererseits wiederum Reinhold Schneider ein, der sein Leben lang um seinen Glauben rang. Unmittelbar vor Ausbruch des Zweiten Weltkrieges, als alles Nachdenken und Mitdenken brutal ausgeschaltet wurde durch eine ‚gleichgeschaltete Propaganda', schrieb Schneider die bewegenden Zeilen:
„Allein den Betern kann es noch gelingen,
Das Schwert ob unsern Häuptern aufzuhalten
Und diese Welt den richtenden Gewalten
Durch ein geheiligt Leben abzuringen."

93 Eugen Drewermann, „Wendepunkte", Ostfildern 2014, S. 502. Das Anliegen spricht sich auch in Karl Rahners Forderung nach „Kurzformeln des Glaubens" aus („Grundkurs des Glaubens", Freiburg-Basel-Wien 1977, S. 430ff.).

94 John A. O'Brien, „Der Glaube der Millionen – Die Grundlagen der Katholischen Religion", Aschaffenburg 1951.

95 Ebd., S. 36–38.
96 Aus „Karl Rahner in Erinnerung", Düsseldorf 1994 – Karl Rahner, „Erfahrungen eines katholischen Theologen", S. 134ff.
97 Ebd.
98 Analogie wird ja zunächst verstanden als die begrenzte Möglichkeit des Menschen, von Gott nur in Bildern und Gleichnissen reden zu können, sich dabei immer bewusst bleibend, dass die Unähnlichkeiten größer sind als die Ähnlichkeiten! Karl Rahner geht es aber um mehr, denn er spricht nicht nur von erkenntnismäßiger Analogie. Er sieht das menschliche Leben als existentielle Analogie, weil wir – im Endlichen lebend – immer nach dem Unendlichen auslangen. Wir sind ausgespannt zwischen diesen beiden Polen. Der Glaubende ist der Mensch, der „die analoge Schwebe zwischen Ja und Nein über dem Abgrund der Unbegreiflichkeit Gottes erschreckt und selig zugleich erfährt und bezeugt" (s. o.).
99 „Wir haben schon im ersten Gang betont, dass wir in unserer Rede von Transzendenz nicht nur und allein die Transzendenz meinen, die die Bedingung der Möglichkeit einer kategorialen Erkenntnis als solcher ist, sondern ebenso die *Transzendenz der Freiheit, des Willens und der Liebe.* Diese Transzendenz, die das Subjekt als freies und personales Subjekt des Handelns in einem unbegrenzten Raum der Tat konstituiert, ist ebenso wichtig und im Grunde nur eine andere Seite der Transzendenz eines geistigen, deswegen erkennenden und gerade deshalb freien Subjektes." – Karl Rahner, „Grundkurs des Glaubens", SW 26, Freiburg-Basel-Wien 1999, S. 67 – „Wir selber – so könnte man sagen – existieren analog durch unser Gründen im heiligen Geheimnis, das sich uns immer entzieht, indem es uns selber immer konstituiert durch sein Aufgehen und durch sein Uns-selber-Einweisen in die konkreten, uns begegnenden Einzelwirklichkeiten kategorialer Art innerhalb des Raumes unserer Erfahrung, die dann umgekehrt wiederum die Vermittlung, der Absprungspunkt für unser Wissen um Gott sind." – Karl Rahner, „Grundkurs des Glaubens", SW 26, Freiburg-Basel-Wien 1999, S. 74
100 Eugen Drewermann, „Das Wichtigste im Leben", Ostfildern 2015, S. 49 – Aus „Wendepunkte" 18f.
101 Eugen Drewermann, „Wendepunkte", Ostfildern 2014, S. 17.
102 Ebd.
103 Ebd., S. 326.
104 Ebd., S. 500–502.
105 Ebd., S. 503.
106 In der Jubiläumsausgabe „Beten mit Karl Rahner", Freiburg-Basel-Wien, Band 1, „Von der Not und dem Segen des Gebetes", 1. Kapitel, S. 47 (eingeleitet von Rudolf Hubert und Roman A. Siebenrock).

107 Eugen Drewermann, „Das Wichtigste im Leben", Ostfildern 2015, S. 56f. – ursprünglich aus Drewermann, „Der sechste Tag", Zürich und Düsseldorf 1998, 391f.
108 Ebd., S. 359.
109 „Jesus ist für uns lebendig. Doch unter welchem *Flugsand* wäre zwar nicht sein Name und nicht sein Andenken, so doch sein lebendiger Einfluss, die Wirkung des Evangeliums und der Glaube an seine göttliche Person begraben ohne die sichtbare Kontinuität der Kirche? … ‚Ohne die Kirche müsste Christus sich verflüchtigen, zerbröckeln, erlöschen.' Und was wäre die Menschheit, hätte man ihr Christus genommen?" H. de Lubac in: „2 Plädoyers", München 1971, S. 69.
110 „Theologen unserer Zeit", Stuttgart-Berlin-Köln, S. 21.
111 Eugen Drewermann, „Das Wichtigste im Leben", Ostfildern 2015, S. 25 – Aus „Marienkind" 54f.
112 In der modernen Religionskritik hat man in der Tat versucht, diesen Sachverhalt als möglichen evolutiven Vorteil der ‚Glaubenden' im harten Existenzkampf ums Überleben zu beschreiben. „Natürlich höre ich bei dieser These sofort die Skeptiker sagen, das zeige nur, dass die Religion aus evolutiven Gründen hervorgebracht worden sei als eine Form psychischer Überlebensstrategie … Religion erscheint so als ein Wahn, der aber im Sinne der Evolution liegt, weil er dem Menschen hilft, länger zu überleben. Ich glaube nicht, dass ein solches Argument verschlägt … es geht ganz einfach darum, welche Grundbedürfnisse sich anmelden, wenn und weil Menschen geistige Wesen sind. Salopp gesprochen: Wir haben einen Magen mit dem Bedürfnis, etwas zu essen zu finden, sonst gehen wir zugrunde. Und ich glaube, wir haben einen Geist, um bestimmte Antworten zu finden. Diese Antworten liegen in der Religion …" – Eugen Drewermann, „Wenn die Sterne Götter wären", Freiburg-Basel-Wien, 2004, S. 154f. – „Beine sind die Antwort der Evolution auf das Bedürfnis nach Fortbewegung auf dem festen Boden gewesen. Und Augen waren eine Reaktion der Entwicklung auf die Tatsache, dass die Oberfläche der Erde von einer Strahlung erfüllt ist, die von festen Gegenständen reflektiert wird. Dieser Umstand erst gab der Evolution die Möglichkeit, Organe zu entwickeln, die sich dieser Strahlung zur Orientierung bedienten. So gesehen sind Augen also ein Beweis für die Existenz der Sonne. So, wie Beine ein Beweis sind für das Vorhandensein festen Bodens und ein Flügel ein Beweis für die Existenz von Luft. Deshalb dürfen wir auch vermuten, dass unser Gehirn ein Beweis ist für die reale Existenz einer von der materiellen Ebene unabhängigen Dimension des Geistes … Es ist doch eine wahrhaft aberwitzige Vorstellung, wenn wir immer so tun, als sei das Phänomen des Geistes erst mit

uns selbst in dieser Welt erschienen. Als habe das Universum ohne Geist auskommen müssen, bevor es uns gab ... Geist gibt es in der Welt nicht deshalb, weil wir ein Gehirn haben. Die Evolution hat vielmehr unser Gehirn und unser Bewusstsein allein deshalb hervorbringen können, weil ihr die reale Existenz dessen, was wir mit dem Wort Geist meinen, die Möglichkeit gegeben hat, in unserem Kopf ein Organ entstehen zu lassen, das über die Fähigkeit verfügt, die materielle mit dieser geistigen Dimension zu verknüpfen." Hoimar von Ditfurth, „Der Geist fiel nicht vom Himmel", München 1993, 13. Auflage, S. 318. Vgl. auch Eugen Drewermann, „Strukturen des Bösen" II, Sonderausgabe Paderborn 1988, S. XXVIff.; auch Karl Rahner, „Grundkurs des Glaubens", S. 256ff. („Transzendentale Auferstehungshoffnung als Horizont der Erfahrung der Auferstehung Jesu").

113 Eugen Drewermann, „Das Wichtigste im Leben", Ostfildern 2015, S. 25f. – Aus „Wendepunkte" 9f.
114 Eugen Drewermann, „Das Wichtigste im Leben", Ostfildern 2015 – Aus „Leben, das dem Tod entwächst", Düsseldorf 1991, S. 87.
115 Karl Rahner, „Grundkurs des Glaubens", Freiburg-Basel-Wien 1977, S. 126.
116 Ebd., S. 224.
117 Karl Rahner, „Beten mit Karl Rahner", Freiburg-Basel-Wien 2004, Band 1 „Von der Not und dem Segen des Gebetes", S. 90f.
118 Eugen Drewermann, „Wendepunkte", Ostfildern 2014, S. 502f.
119 Der Begriff bezieht sich auf einen Buchtitel von Eugen Drewermann, „Wendepunkte", Ostfildern 2014.
120 Karl Rahner, „Beten mit Karl Rahner", Freiburg-Basel-Wien 2004, Band 2: „Gebete des Lebens"; darin Albert Raffelt S. 182: „Es ist unschwer zu erkennen, dass hier auch ein Ton der Ungeduld mit kirchlichen wie gesellschaftlichen Zuständen zum Ausdruck kommt, etwa in dem Gebet um Gerechtigkeit und Brüderlichkeit; gerade hier aber ist die Rückbindung an die älteste Tradition mit dem augustinischen ‚Gib, was du gebietest' ... aufschlussreich. Sie zeigt, wie Rahner auch in seiner Kritik, auch in seinem Leiden an Unzulänglichkeiten in der kirchlichen Tradition steht und wie selbstverständlich er ihren Fundus zur Verfügung hat."
121 Karl Rahner, „Im Heute glauben", Sämtliche Werke 14, Freiburg-Basel-Wien 2006, S. 38f.
122 Karl Rahner, „Von der Unbegreiflichkeit Gottes", Freiburg-Basel-Wien 2004, S. 52.
123 Aus: „Karl Rahner in Erinnerung", Düsseldorf 1994 – Karl Rahner, „Erfahrungen eines katholischen Theologen", S. 134–138ff.

124 Eugen Drewermann, „Wendepunkte", Ostfildern 2014, S. 19.
125 „Beten mit Karl Rahner", Band 1: „Von der Not und dem Segen des Gebetes", Freiburg-Basel-Wien 2004, S. 67f.
126 Ebd., S. 71f.
127 Eugen Drewermann, „Nur die Liebe lehrt uns glauben", Oberursel 2011, S. 70f.
128 Aus: „Karl Rahner in Erinnerung", Düsseldorf 1994 – Karl Rahner, „Erfahrungen eines katholischen Theologen", S. 134ff., auch S. 138ff.
129 Vgl. Paul M. Zulehner, „Du kommst unserem Tun mit deiner Gnade zuvor", Düsseldorf 1987, S. 139: „Rahner hat dann aber ... gefordert, daß die Ergebnisse dieser Fachwissenschaften auch theologisch überdacht werden müssen."
130 Der Ausdruck „konfessionell gebunden" wurde in der DDR seinerzeit gebraucht als Charakteristikum für jene Menschen, die sich zum Glauben und zur Kirche bekannten. Das konnte ja in der „entwickelten sozialistischen Gesellschaft" eigentlich gar nicht (mehr) sein, dass Menschen sich zu solch einem „antiwissenschaftlichen" Relikt bekennen. Darum haben die (Staats-)Propagandisten Kirche und Glauben verächtlich gemacht und jene Menschen, die ihren Glauben lebten – weil dies ja auf Grund der herrschenden Staatsideologie auf keinen Fall freiwillig und auf Einsicht beruhend sein konnte –, als unfreie Menschen abqualifiziert, die auf Grund von Vorurteilen, überholten Meinungen und Bindungen etc. angeblich sich nur deshalb der Konfession und dem Glauben zugehörig fühlten.
131 Man vergleiche das neue Buch von Philipp Möller mit dem Titel „Gottlos glücklich", Frankfurt a. M. 2017.
132 Aus: „Das Christentum am Ende der Moderne", Düsseldorf 1996, S. 65.
133 Eugen Drewermann, „Wenn die Sterne Götter wären", Freiburg-Basel-Wien 2004, S. 240.
134 Eugen Drewermann, „Luther wollte mehr", Freiburg-Basel-Wien 2016, S. 319.
135 Eugen Drewermann, „Grenzgänger", Ostfildern 2015, S. 160.
136 Ebd., S. 165f.
137 Gregor Gysi/Friedrich Schorlemmer, „Was bleiben wird" – Ein Gespräch über Herkunft und Zukunft", Berlin 2016.
138 Gregor Gysi/Friedrich Schorlemmer, „Was bleiben wird" – Ein Gespräch über Herkunft und Zukunft", Berlin 2016, S. 261.
139 Eugen Drewermann, „Dass auch der Allerniedrigste mein Bruder sei" – Dostojewski – Dichter der Menschlichkeit, S. 53f.
140 Rudolf Hubert, „Freude am Wagnis des Glaubens", Wiesmoor 2017, S. 25.

141 Eugen Drewermann, „Das Wichtigste im Leben", Ostfildern 2015, S. 14 – Aus „Und legte ihnen die Hände auf", 131, ebd., S. 15 – Aus „Wenn der Himmel die Erde berührt", 134f., 142f.
142 Karl Rahner, „Unbegreiflicher – so nah", Mainz 1999, S. 182 (ursprünglich aus Karl Rahner, „Schriften zur Theologie", Band VII, Benziger Verlag, Einsiedeln-Köln 1966, S. 123f.
143 Aus: Eugen Drewermann, „Das Wichtigste im Leben", Ostfildern 2015, S. 25f. – entnommen aus „Wendepunkte", 9f.
144 Hans Urs von Balthasar, „Schleifung der Bastionen", Einsiedeln 1952.
145 Aus: Hans Urs von Balthasar, „Die Gottesfrage des heutigen Menschen", Wien-München 1956, S. 148f.
146 Aus: Hans Urs von Balthasar, „In der Fülle des Glaubens", Freiburg-Basel-Wien 1980, S. 207 – Aus dem Beitrag „Der Mensch – der ‚Bruder, für den Christus starb'".
147 Alexander von Schönburg, „Weltgeschichte to go", Hamburg 2017
148 Ebd., S. 242f.
149 Nikolaus Schwerdtfeger, „Gnade und Welt", Freiburg-Basel-Wien 1982, S. 424.
150 Alexander von Schönburg, a. a. O., S. 137.
151 Aus: Eugen Drewermann, „Das Wichtigste im Leben", Ostfildern 2015, S. 54 – Ders., „Das Markus-Evangelium", II. Teil, Solothurn und Düsseldorf 1994, S. 218.
152 Karl Rahner, „Meditationen zum Kirchenjahr", Leipzig 1967, S. 311f.
153 Karl Rahner, „Unbegreiflicher – so nah", Mainz 1999, S. 185; ursprünglich in Karl Rahner, „Schriften zur Theologie" VII, Einsiedeln-Zürich-Köln 1966, S. 134.
154 Gemeint ist der um seine Einsamkeit und Angst wissende Mensch, der sich nicht von Gott gehalten weiß.
155 „Beten mit Karl Rahner", Band 1 „Von der Not und dem Segen des Gebetes", Freiburg-Basel-Wien 2004, S. 53f. – ursprünglich in Karl Rahner, „Von der Not und dem Segen des Gebetes", Freiburg-Basel-Wien 1958, S. 14ff.
156 Karl Rahner, „Bilanz des Glaubens, München 1985, S. 104f.
157 Ebd.
158 So ein Aufsatztitel Karl Rahners.
159 „Wer … die transzendental gegebene Hinordnung des Menschen auf Jesus Christus gegen das kategoriale Ereigniswerden Christi ausspielen wollte, hat das von Rahner beschriebene, erkenntnisnotwendige Ineinander von transzendentaler Subjektqualifikation und subjektunabhängigem geschichtlichen Ereignis für das Gelingen religiöser Erfahrung nicht begriffen: Keines der beiden Momente menschlicher Erfahrung, weder das transzendentale noch das ka-

tegoriale, kann ... trotz ihrer Einheit auf das andere zurückgeführt werden ... Christus wird in der transzendentalen, gnadenhaft erhobenen Geistigkeit des Menschen erkannt; er ist aber eben nicht schon immer *gewusst,* bevor seine geschichtlich konkrete Gestalt zur Kenntnis genommen wird" (Ralf Miggelbrink, „Ekstatische Gottesliebe im tätigen Weltbezug", Altenberge 1989, S. 263f.).

160 Langer/Niewiadomski, „Die theologische Hintertreppe", München 2005, S. 43 – Das Zitat von Langer stammt von Karl Rahner.

161 „Der Mensch als das Ereignis der freien, vergebenden Selbstmitteilung Gottes" – Karl Rahner, „Grundkurs des Glaubens", Freiburg-Basel-Wien 1977, S. 122.

162 Das heißt gerade nicht, dass der Mensch „tun und lassen kann, was er will". Ganz im Gegenteil: Ich stimme Leonardo Boff zu, der schreibt: „Das gesamte Projekt der Moderne gründete auf einem bestimmten Typus des utilitaristischen und zweckgerichteten analytischen Denkens. Es hat eine Kultur hervorgebracht, die im Hinblick auf ihre Mittel rationalistisch vorgeht, ohne jedoch ihre Ziele zu hinterfragen. Und es hat Argwohn gegenüber allen anderen Rationalitäten geschürt, die wir heute für grundlegend halten: die empfindsame Vernunft, die Vernunft des Herzens, die emotionale und die spirituelle Intelligenz. Diese letztgenannte Art von Vernunft ist der Sitz der spezifischen Werte der ethischen Wahrnehmung und der spirituellen Erfahrung – Dimensionen, ohne die das Leben seinen Sinn und sein Licht verliert. Wir sind heute darauf angewiesen, die wissenschaftliche Vernunft mit der Vernunft des Herzens und mit der empfindsamen Vernunft anzureichern" (Leonardo Boff, „Befreit die Erde – Eine Theologie der Schöpfung", Stuttgart 2015, S. 42).

163 Karl Rahner, „Grundkurs des Glaubens", Freiburg-Basel-Wien 1977, S. 122.

164 Rahner sieht deshalb als eine wesentliche Aufgabe der Theologie „gerade das Offenhalten der Frage nach dem Menschen" an (vgl. Karl-Heinz Weger, „Karl Rahner", Freiburg–Basel–Wien 1978, S. 43.

165 Paul M. Zulehner, „Denn du kommst unserem Tun mit deiner Gnade zuvor ..." – Zur Theologie der Seelsorge heute – Paul M. Zulehner im Gespräch mit Karl Rahner, Düsseldorf 1984.

166 Aus: „Beten mit Karl Rahner", Freiburg-Basel-Wien 2004, Jubiläumsausgabe, Band 2, „Gebete des Lebens", S. 94.

167 Aus Karl Rahner, „Rechenschaft des Glaubens", Freiburg-Basel-Wien/Zürich-Köln 1979, S. 143 (aus „Gott ist keine naturwissenschaftliche Formel") und S. 171 (aus „Gott unser Vater").

168 Eugen Drewermann, „Wir glauben, weil wir lieben", Ostfildern 2010, S. 165–167.

169 Karl Rahner, „Bilanz des Glaubens", München 1985, S. 118–127; auch Karl Rahner, „Schriften zur Theologie", XVI, Zürich-Einsiedeln-Köln 1984, S. 279–290.
170 Albert Raffelt in Karl Rahner, „Das große Kirchenjahr", Leipzig 1990, S. 7 – Lizenzausgabe Freiburg 1987, S. 11–13 – Text von Siegfried Hübner. Hübner hat sich während der DDR-Zeit bleibende Verdienste erworben, indem er entscheidend mit dafür sorgte, dass die Stimme Karl Rahners auch hinter dem „Eisernen Vorhang" nicht verstummte. Albert Raffelt meinte an dieser Stelle zu Rahners meditativem Gang durch das Kirchenjahr: „In ihrem Kontext entstammen diese Arbeiten einer ‚Theologie des Volkes' ... Sie identifizieren sich mit der in der mitteleuropäischen volkskirchlichen Kirchlichkeit gegebenen Potenz wahren Christentums, sind aber ebenso aufmerksam gegenüber ihren Verengungen und beziehen die realen Verschiebungen der säkularen Situation immer offen in ihren Gedanken mit ein."
171 In „Von der Not und dem Segen des Gebetes" – Überschrift über das zweite Kapitel („Beten mit Karl Rahner", Freiburg-Basel-Wien, Band 1, „Von der Not und dem Segen des Gebetes").
172 Aus: „Karl Rahner in Erinnerung", Düsseldorf 1994 – Karl Rahner, „Erfahrungen eines katholischen Theologen", S. 134ff.
173 Aus: „Der Glaube des Priesters heute" – erstmaliger Vortrag am 4. und 6. Juli 1967 in Kevelaer und Münster/Westf. vor Priestern der Diözese Münster, die zur Wahl des Priesterrates versammelt waren – „Knechte Christi", Freiburg-Basel-Wien 1967, S. 42ff.
174 Eugen Drewermann, „Das Markus-Evangelium", Zweiter Teil – Bilder von Erlösung, Solothurn-Düsseldorf 1994, S. 285f.
175 Im Heute glauben, SW 14, S. 24f.
176 Teilhards theologisches Hauptwerk „Das göttliche Milieu, Olten-Freiburg 1963, S. 152.
177 Eugen Drewermann, „An ihren Früchten sollt ihr sie erkennen", Olten-Freiburg 1988, S. 159.

Personenregister

Balthasar, Hans Urs von   9f., 21f., 26–32, 36, 38ff., 52f., 84f., 108–111, 113–118, 121, 126
Blumenberg, Hans   52
Boff, Leonardo   127
Böll, Heinrich   18

Camus, Albert   80
Chardin, Teilhard de   104
Chesterton, Gilbert Keith   46, 55

Dawkins, Richard   77, 88, 112
Ditfurth, Hoimar von   124
Dostojewski   81f., 125
Drewermann, Eugen   8, 10, 15, 49, 57, 61–70, 72, 74f., 77, 79–83, 88, 97, 106, 108–111, 121–126, 128

Feuerbach, Ludwig   88
Fries, Heinrich   79

Gysi, Gregor   81, 125

Hawking, Stephen   77
Hemmerle, Klaus   39, 118
Hubert, Rudolf   113, 115ff., 119, 122, 126
Hübner, Siegfried   99, 128

Klaghofer-Treitler, Wolfgang   39f., 118

Langer, Michael 127
Langton, Stephan 63
Lehmann, Karl 68, 108, 111, 116, 121
Löser, Werner 38, 108, 117
Luther, Martin 15, 79, 125

Macaulay 58
Maier, Hans 27
Miggelbrink, Ralf 36, 41f., 44, 118f.
Möller, Philipp 125
Monod, Jacques Lucien 88

Nietzsche, Friedrich 88, 114
Niewiadomski, Jozef 127

O'Brien, John A. 121

Papst Franziskus 7, 68f.
Pfleger, Karl 45ff., 55, 118f.
Pissarek-Hudelist, Herlinde 118

Raffelt, Albert 108, 124, 128
Rahner, Karl 9f., 22, 24f., 30ff., 35ff., 40–44, 48, 51, 53–57, 60f., 64, 68, 70f., 73ff., 77ff., 83, 88ff., 92–99, 101, 103, 108f., 111, 113, 115–122, 124–128
Ratzinger, Joseph (Papst Benedikt XVI) 24, 109, 112f.

Schneider, Reinhold 9f., 38 f, 110, 116ff., 121
Schneider, Wolfgang 54, 121
Schönburg, Alexander von 16, 86, 111f., 126
Schorlemmer, Friedrich 81, 125
Schütt, Hans-Dieter 81

Schwerdtfeger, Nikolaus   117, 121, 126
Scola, Angelo   29
Siebenrock, Roman   29, 113, 115ff., 119, 122
Striet, Magnus   52, 121

Tück, Jan-Heiner   121

Weger, Karl-Heinz   108, 127

Zimmermann, Ingo   110, 118
Zulehner, Paul M.   95, 115, 125, 127

Im Geheimnis leben

Die Ambivalenz dem Religiösen gegenüber, der unübersehbare Hang hin zu einer Religiosität außerhalb der Kirchenmauern lassen Ausschau halten nach verlässlichen Zeugen des Glaubens der Kirche.

Ein herausragender Zeuge ist Karl Rahner. Seine Theologie ist faszinierend, weil sie hilfreich ist bei der Suche nach dem Sinn des Lebens, weil sie bemüht ist, ehrliche Antworten zu geben auf die vielen (oft „kinderschweren") Fragen, weil sie die Fragen und den Fragenden gleichermaßen ernst nimmt.

Das zeigt Rudolf Hubert in seiner behutsamen Hinführung zur Theologie Karl Rahners.

Rudolf Hubert
Im Geheimnis leben
Zum Wagnis des Glaubens in der Spur Karl Rahners ermutigen

550 Seiten · Gebunden.
ISBN 978-3-429-03602-7

Das Buch erhalten Sie in Ihrer Buchhandlung.

www.echter.de